P9-CEB-590

EXPLORING THE BOUNDARIES OF REASON

Three Questions on the Nature of God
by Robert Holcot, OP

edited by
Hester Goodenough Gelber

The relationship between faith and reason reached a point of crisis in
the fourteenth century, precipitated by the application of increasingly
sophisticated techniques of logic to the Doctrine of the Trinity. The crisis
arrived in the form of the questions, "Is Aristotelian logic universally
valid?" and "Is the Christian bound by the dictates of the Church to
believe what is contradictory or what seems contradictory?"

Robert Holcot, a Dominican who studied at Oxford during the years
1330-1334, treated these difficulties at length in his three quodlibetal
questions on the nature of God. He perceived the problems facing faith
and logic in the broadest light. His work contains an extended analysis,
not only of the problems that paradoxes in religious doctrine posed for
philosophy, but also contains an equivalent analysis of the difficulties
posed for philosophy by the paradoxes of Classical Antiquity. In the
process he collected an extended catalogue of the various kinds of
arguments that seemed to threaten the primacy and universality of logic.

Holcot's education took place in the wake of William of Ockham's
career at Oxford and of the beatification of Thomas Aquinas. His three
quodlibeta show him making his way through the chop created by the
cross currents of Thomist and Ockhamist theology. The result is an
independent, Thomist-influenced Ockhamism. Holcot's work is, therefore, an important source of information for those interested in medieval
insolubilia, in the effects of Ockhamism at Oxford, and in fourteenth-
century Dominican theology.

A discussion of the textual problems connected with editing Holcot's
quodlibeta and a reconstruction of the probable order of questions in three
of Holcot's quodlibetal determinations are contained in the introduction
and appended tables.

STUDIES AND TEXTS 62

EXPLORING THE BOUNDARIES OF REASON

Three Questions on the Nature of God by Robert Holcot, OP

EDITED BY

Hester Goodenough Gelber

PONTIFICAL INSTITUTE OF MEDIAEVAL STUDIES

The publishing program of the Pontifical Institute
is supported through the generosity of
the De Rancé Foundation.

Canadian Cataloguing in Publication Data

Holkot, Robertus, d. 1349.
  [Quaestiones de quodlibet]
  Exploring the boundaries of reason : three questions on the nature of God

(Studies and texts, ISSN 0082-5328 ; 62)
Text in Latin, with introduction and notes in English.
Bibliography: p.
Includes index.
ISBN 0-88844-062-6

1. Theology - Collected works - Middle Ages, 600-1500.   2. Catholic Church - Collected works.   I. Gelber, Hester Goodenough, 1943-   II. Pontifical Institute of Mediaeval Studies.   III. Title.   IV. Title: Quaestiones de quodlibet.   V. Series: Studies and texts (Pontifical Institute of Mediaeval Studies) ; 62.

BX890.H64   230´.2   C83-094161-4

© 1983 by

PONTIFICAL INSTITUTE OF MEDIAEVAL STUDIES
59 Queen's Park Crescent East
Toronto, Ontario, Canada M5S 2C4

PRINTED BY UNIVERSA, WETTEREN, BELGIUM

Contents

Robert Holcot

Foreword

A preliminary word needs to be said about the critical apparatus. It does not include trivial differences in spelling, unimportant inversions of word order, and the substitution of close synonyms: quia/quod, ergo/igitur, ista/illa, vel/aut. Classical orthography has been used throughout both text and notes.

I would like to thank William J. Courtenay and Thomas Turley for giving me their comments on the text, and the Rev. Joseph C. Wey CSB who deserves particularly heartfelt recognition for his careful reading of the manuscript and many helpful suggestions that saved me from error. I, of course, take full responsibility for the text as it now stands. Finally, I would like to thank my husband, Steven, who helped me make time for the work.

May, 1982   H.G.G.

Introduction

Robert Holcot was one of the major participants in the flowering of scholastic thought that took place in England after William of Ockham. Lecturing at Oxford during the years 1330-1332, he witnessed the absorption and development of Ockhamism in the schools, and his combined allegiance to Ockham and Thomas Aquinas gives his thought its own particular character.

Holcot's theology and philosophy have received considerable attention recently. Ernest A. Moody and Heinrich Schepers have taken an interest in his epistemology,[1] Fritz Hoffman has dealt at length with Holcot's theological method,[2] John Murdoch has shown his part in the English calculatory tradition,[3] Heiko Oberman has focused on his soteriology,[4]

[1] Ernest A. Moody, "A Quodlibetal Question of Robert Holkot, o.p. on the Problem of the Objects of Knowledge and of Belief," *Speculum* 39 (1965), 53-74; Heinrich Schepers, "Holcot contra dicta Crathorn," *Philosophisches Jahrbuch* 77 (1970), 320-354, and 79 (1972), 106-136. Also see Jan Pinborg, *Logik und Semantik im Mittelalter: Ein Überblick* (Stuttgart-Bad Cannstatt, 1972), pp. 148-153.

[2] Fritz Hoffmann, "Robert Holcot: Die Logik in der Theologie," in *Die Metaphysik im Mittelalter: Ihr Ursprung und ihre Bedeutung*, ed. Paul Wilpert, Miscellanea mediaevalia 2 (Berlin, 1963), pp. 624-639; idem, *Die theologische Methode des Oxforder Dominikaner-lehrers Robert Holcot*, Beiträge zur Geschichte der Philosophie und Theologie des Mittelalters, n.s. 5 (Münster, 1971); idem, "Der Satz als Zeichen der theologischen Aussage bei Holcot, Crathorn und Gregor von Rimini," in *Der Begriff der Repraesentatio im Mittelalter: Stellvertretung, Symbol, Zeichen, Bild*, ed. Albert Zimmermann, Miscellanea mediaevalia 8 (Berlin, 1971), pp. 296-313.

[3] John E. Murdoch, "From Social into Intellectual Factors: An Aspect of the Unitary Character of Late Medieval Learning," in *The Cultural Context of Medieval Learning*, ed. John E. Murdoch and Edith Dudley Sylla, Boston Studies in the Philosophy of Science 26 (Dordrecht, Holland, 1975), pp. 294-295, notes 96, 99, 101; idem, "The Development of a Critical Temper: New Approaches and Modes of Analysis in Fourteenth-Century Philosophy, Science, and Theology," *Medieval and Renaissance Studies* 7 (Chapel Hill, 1978), 59-60, notes 18, 39, 40.

[4] Heiko Oberman, "Facientibus quod in se est Deus non denegat gratiam: Robert Holcot, o.p. and the Beginnings of Luther's Theology," *Harvard Theological Review* 55 (1962), 317-342; idem, *The Harvest of Medieval Theology: Gabriel Biel and Late Medieval Nominalism* (Cambridge, Mass., 1963), pp. 235-248; idem, *Forerunners of the Reformation* (New York, 1966), pp. 123-150.

and Beryl Smalley's work has stimulated interest in his Biblical
commentaries and literary style.[5] To varying degrees, all of these authors
touch on a long-standing controversy, stemming back to Carl Prantl,
about how to evaluate Holcot's views on the relation between reason and
revelation.[6] In the texts edited below, Holcot engages in an extensive
analysis of the boundaries of reason with reference to the Trinity. In the
process, he deals with the relation between theology and philosophy, with
the nature of belief, with the Scotist formal non-identity and with a
number of paradoxes that seem to undermine the universal applicability
of logic, all issues of importance for the emerging consensus that Holcot
was not the skeptic earlier scholars had believed.[7]

Holcot's works exerted considerable influence on his contemporaries.[8]
His Biblical commentaries and collection of *exempla* had a wide
circulation.[9] Schepers has surveyed thirty-two manuscripts containing full
redactions of Holcot's *Sentences* commentary and another eight that
consist of fragments or extracts of that work.[10] And several editions of the
more important of Holcot's writings were printed in the late fifteenth and
early sixteenth centuries.

[5] Beryl Smalley, "Some Latin Commentaries on the Sapiential Books in the Late
Thirteenth and Early Fourteenth Centuries," *Archives d'histoire doctrinale et littéraire du
moyen-âge* 25-26 (1950-1951), 103-128; idem, "Robert Holcot, o.p.," *Archivum Fratrum
Praedicatorum* 26 (1956), 5-97; idem, *English Friars and Antiquity in the Early Fourteenth
Century* (Oxford, 1960), pp. 133-202; Judson Boyce Allen, *The Friar as Critic* (Nashville,
1971), pp. 47-50, 109-116.

[6] Carl Prantl, *Geschichte der Logik im Abendlande* 3 (Leipzig, 1867), 328.

[7] For the view that Holcot was a skeptic, in particular see Konstantyn Michalski, "Les
courants philosophiques à Oxford et à Paris pendant le xive siècle," *Bulletin international
de l'Académie Polonaise des Sciences et des Lettres*, Classe d'histoire et de philosophie
(Cracow, 1922), pp. 70-71; idem, "La physique nouvelle et les différents courants
philosophiques au xive siècle," *Bulletin international de l'Académie Polonaise des Sciences
et des Lettres*, Classe d'histoire et de philosophie (Cracow, 1928), pp. 125-133; idem, "Le
problème de la volonté à Oxford et à Paris au xive siècle," *Studia philosophica:
Commentarii Societatis Philosophicae Polonorum* (Leopoli, 1937), p. 303; and Alois
Meissner, *Gotteserkenntnis und Gotteslehre: Nach dem Englischen Dominikanertheologen
Robert Holcot* (Limburg/Lahn, 1953), p. 57.

[8] For the number of extant manuscripts and early printed editions see Friedrich
Stegmüller, *Repertorium commentariorum in Sententias Petri Lombardi* 1 (Würzburg,
1947), 360-363; idem, *Repertorium Biblicum medii aevi* 5 (Madrid, 1955), 141-151, and
Palémon Glorieux, *La littérature quodlibétique de 1260 à 1320*, vol. 2, Bibliothèque
Thomiste 21 (Paris, 1935), pp. 258-261. Richard E. Gillespie notes that John Eck devoted
considerable study to Holcot's views on predestination and that the Parisian master
Jacques Almain wrote a treatise on Holcot's *Sentences* commentary, "Robert Holcot's
Quodlibeta," *Traditio* 27 (1971), 481.

[9] Smalley, *English Friars*, pp. 142, 146-147.

[10] Schepers, "Holkot," (1970), pp. 331-332.

Unfortunately, the manuscripts that contain Holcot's principle theological and philosophical works are burdened with some very difficult textual problems. Jodocus Badius first noted the difficulties in a cover letter to the 1497 Lyons edition of Holcot's works. He indicated that Augustine of Ratisbon, who had had the task of reviewing the manuscripts of Holcot's commentary on Peter Lombard's *Sentences*, had found the texts in a most deplorable state.[11] Johannes Trechsel, the editor of the questions labeled *"determinationes"* which occur in the same edition, found them in such poor condition that he did not wish to publish them. However, the rarity of the texts led the publishers to print them anyway.[12] Therefore, prior to presenting an edition of the three of Holcot's quodlibetal questions that bear on the nature of God, a discussion of the textual problems connected with the *quodlibeta* is in order.

The *quodlibeta* are found in three manuscripts that represent three different manuscript traditions, each showing varying selection and sequence of questions.[13] Cambridge, Pembroke College MS 236, contains ninety-nine quodlibetal questions; Oxford, Balliol College MS 246, contains ninety-one *quodlibeta*; and London, British Library, Royal MS 10.C.IV, contains thirty-eight. Of the questions, one is unique to Royal, two are found only in Balliol, and nine occur in manuscript form only in Pembroke, although five of these nine questions are also found among the *determinationes* of the Lyons edition.[14]

The questions in Royal are divided into three quodlibetal debates interspersed with introductory passages about the questions to follow. The introductory material appears to reflect Holcot's own edition. Terms in the first person singular (*posui ego ipse*) occur in the introduction to the second quodlibet,[15] and in the first person plural (*consideramus*) in the introduction to the third.[16] The introduction to *Quodlibet* 2 also contains a reference to *socii*, the bachelors with whom Holcot read the *Sentences* and with whom he was expected to debate, that would be most natural

---

[11] Michalski, "La physique," p. 103.

[12] Michalski, "La physique," pp. 106-107.

[13] Discussions of the manuscripts may be found in Glorieux, *Littérature quodlibétique*, 2: 258-261; Paolo Molteni, *Robert Holcot o.p.: Dottrina della grazia e della giustificazione, con due questioni quodlibetali inedite* (Pinerolo, 1968), pp. 155-165. Schepers, "Holkot," (1970), pp. 335-337; Hoffmann, *Theologische Methode*, pp. 414-430, and Gillespie, "Quodlibeta," pp. 480-490.

[14] See Table 1 below, pp. 113-116.

[15] London, British Library, Royal MS 10.C.IV, fol. 152rb.

[16] Royal, fol. 157va.

coming from Holcot himself.[17] Thus, the introductory passages in Royal seem to stem from Holcot's own autograph, possibly prepared as an exemplar for the book market. At first glance, then, Royal appears to be very valuable, to represent Holcot's version of his *quodlibeta*. Scholars have generally accepted the suggestion of Konstantyn Michalski, the first to discuss the manuscripts in detail, that Royal contains Holcot's *quodlibeta* as the author himself edited them.[18]

There are difficulties, however, with the hypothesis that Royal, at least as we have it, represents an edition of Holcot's own making. A number of discrepancies occur between the introductory passages in Royal and the questions that follow. The introduction to *Quodlibet* 1 indicates that there should be twenty-seven questions in that quodlibet, but there are only eight, of which the last belongs to *Quodlibet* 3 according to the introduction to the third quodlibet. The introduction to *Quodlibet* 2 lists ten questions and alludes to two more. Ten follow. The introduction to *Quodlibet* 3 indicates that twenty-two questions should follow, but there are only twenty, the last of them in a different hand. Heinrich Schepers has attributed these discrepancies to Holcot's editorial pruning,[19] but it seems odd that in an edited version of the quodlibets Holcot would not have changed the introductory passages to conform with what follows them.

Moreover, not only do the introductory passages scattered throughout Royal not indicate the correct number of questions to follow, the questions that do occur do not conform to the order of their listing in those passages. In the first quodlibet, a lengthy introductory passage precedes question three: "Utrum haec sit concedenda: Deus est Pater et Filius et Spiritus Sanctus." It reads as follows:

> Viso prius de habitu theologico, sequuntur quaestiones motae de theo-
> logiae subiecto. Quaerebantur alicubi de Deo inter quaestiones theologicas
> et speculativas: quaedam quaestiones per propositiones < de inesse,
> quaedam per propositiones > de possibili multipliciter; < inter > illas
> autem quae fuerunt quaesitae < per > propositiones de inesse, quaedam
> quaerebantur de Deo absolute, quaedam quatenus convenit cum creaturis
> et quaedam de Deo per comparationem ad naturam quam assumpsit.[20]

---

[17] "In disputatione de quolibet proponebantur a sociis 10 quaestiones praeter duas quas proposui ego ipse." Royal, fol. 152rb.

[18] Michalski, "La physique," pp. 106-110; Moody, "Quodlibetal Question," p. 57; J. C. Wey, "The *Sermo finalis* of Robert Holcot," *Mediaeval Studies* 11 (1949), 219; Roger A. B. Mynors, *Catalogue of the Manuscripts of Balliol College* (Oxford, 1963), p. 56.

[19] Schepers, "Holkot," (1970), pp. 336-337.

[20] Royal, fol. 148ra.

The reference to a question on the theological habit seems to refer to the first question of *Quodlibet* 1: "Utrum theologia sit scientia." The Trinitarian subject matter of question three places it among those onto-logical questions that dealt with God as an absolute without reference to any created nature. The wording of the introductory passage suggests that question three came immediately after the first question on theology as a science. But a question: "Utrum perfectiones attributales essentiales in divinis indistincte praecedant omnem operationem intellectus," intervenes in the text of Royal. This question is preceded by an introduction that describes it as about the divine being as compared with the created order.[21] But the introduction to Royal 1.3 establishes an order in which a question on God as compared to the created order should come after the question on God considered in himself. On the basis of the introduction to Royal 1.3, the order should have been Royal 1.1, 1.3, and then 1.2.

The order of questions in Balliol and Pembroke in fact follows the order of questions announced in the introduction to Royal 1.3. In Balliol, questions two and three of Royal are reversed. In Pembroke, the order is Royal 1.1, 1.3, *Determinationes* 8, 9, and 10 found in the Lyons printed edition of Holcot's works, Royal 1.2. *Determinationes* 8 and 9 deal with the beatific vision. The tenth asks: "Utrum cum unitate essentiae divinae stet pluralitas personarum," a question that deals with God's being, considered absolutely without reference to the created order. Unfortu-nately, the introduction to Royal 1.3 does not indicate the number of questions discussed under each designated category. A plural verb (*quaerebantur*) occurs in the clause that refers to the question or questions that concern God in his absolute being. The verb may mean that more than one question should follow on God's essence taken absolutely, or it may be plural to agree with the collective series of clauses in this sentence, referring to questions not only on God's essence taken absolutely, but also on God's essence in relation to creatures and in relation to the nature which he assumed. If the latter, then the plural number of the verb would tell us nothing about the number of questions that should follow under each heading. If the verb does indicate that more than one question should follow on God's essence considered absolutely, then Royal and Balliol are incomplete, having only one such question. Pembroke, with two, would then better comply with the program of questions announced in Royal 1.3. In either case, Pembroke and Balliol follow the sequential order of

---

[21] "Consequenter quaerebatur unica quaestio de Deo quatenus convenit cum creaturis et fuit quaestio de attributis mota sub hac forma: ...." Royal, fol. 146rb.

questions set forth in the introduction to Royal 1.3, whereas Royal does not.

Nor does the confusion in Royal end there. Royal 1.6 completes the sequence of questions introduced at the beginning of Royal 1.3.[22] An introductory passage at the beginning of question 1.7 shifts the topic of debate to questions on the virtues and vices. The passage is awkwardly arranged. Five questions are listed, and then it is stated that, in all, there are nine questions on morals, of which the first is: "Utrum in beato Paulo fuerunt virtutes theologicae pro tempore raptus," a question not yet listed.[23] In Royal, the questions of *Quodlibet* 1 end with the response to the question on Paul's vision. No answer is provided for the other five questions listed, nor for the three questions omitted from the list of titles but necessary to make up the complement of nine questions on morals to which the introductory passage alludes. Royal 1.8 does not belong to the first quodlibet. An introductory passage at the beginning of *Quodlibet* 3 in Royal indicates that Royal 1.8 should be *Quodlibet* 3.6. According to the announced number of questions in the first quodlibet and the introductory passage at the beginning of Royal 1.7, Royal appears to break off in the middle of *Quodlibet* 1.

Quodlibet 3 is also disordered in Royal. The introduction to the quodlibet lists the first six questions.[24] In the text that follows, questions

---

[22] Royal 1.6 is the second of two questions asked about God *de possibili* alluded to in an introductory passage at the beginning of Royal 1.5: "Quaestiones motae de Deo per propositiones de possibili fuerunt duae. Una fuit de Dei potentia, alia de eius scientia. Prima fuit ista: 'Utrum Deus potest facere quidlibet de quolibet'" (Royal, fol. 149vb). The sixth question begins: "Secunda quaestio fuit ista: 'Utrum Deus posset scire plura quam sit [*sic*, scit]'" (Royal, fol. 150ra).

[23] "De habitibus vero vitiosis quaerebatur unum, et erat istud: 'Utrum 7 vitia capitalia specifice distinguuntur.'

  Licet autem habitus moralis sit vitiosus, tamen de actibus secus videtur quibusdam esse dicendum, nam quidam actus videntur virtuosi et quidam vitiosi et quidam sunt < in > differentes. De actu virtuoso in generali proponebatur una talis quaestio multum difficilis: 'Utrum quilibet viator continue possit intendere meritorium; actus autem vitiosus quantum ad qualitatem culpae,' et cetera. De quodam actu vitioso fuit proposita una talis quaestio: 'Utrum quilibet [*sic*, quaelibet] transgressio voluntaria voti liciti sit peccatum mortale.' De quantitate vero poenae, qua quidam actus vitiosi iuste puniuntur, fuit quaesitum sic: 'Utrum pro aliquo peccato sit aliquis aeternaliter damnandus.' De actu vero tali, qui aliquando potest fieri virtuose, aliquando vitiose, et pro tanto vocari potest aliquo modo indifferens, proponebatur una quaestio talis: 'Utrum quilibet homo possit velle sine peccato poenam condignam descendenti [*sic*, decedenti] in peccato mortali.' Sunt igitur istae quaestiones in universo morales novem, quarum prima est haec: 'Utrum in beato Paulo fuerunt virtutes theologicae pro tempore raptus.'" (Royal, fol. 151vb).

[24] "In disputatione de quolibet proponebantur 22 quaestiones quarum quaedam erant de Deo, quaedam de homine, quaedam conclusiones [*sic*, communes] ad utrumque et quaedam de proprietatibus tempore pure corporeae [?]. In Deo namque consideramus

four and five reverse the order of the questions as listed in the introduction. The sixth question is not found in *Quodlibet* 3, but is the eighth
question in *Quodlibet* 1.

Another kind of disorganization besides disorder in the sequence of
questions also occurs in Royal. Royal contains a fragment from question
1.3: "Utrum haec sit concedenda: Deus est Pater et Filius et Spiritus
Sanctus," appended to the text of question 1.2: "Utrum perfectiones
attributales essentiales in divinis indistincte praecedant omnem operationem intellectus," on folios 147ra-148ra. This portion of text has also been
detached from its proper place in Balliol and Pembroke, where it occurs at
the end of question 1.1: "Utrum theologia sit scientia."[25] That all three
manuscripts contain the same fragmentation of the question on the
Trinity, suggests that this textual accident occurred quite early in the
manuscript tradition. If Royal constitutes Holcot's autograph, a pruned
version of Pembroke and Balliol, it again seems odd that it contains the
same fragmentation of the text found in the other manuscripts. On the
whole, it seems quite unlikely that Holcot would have edited a text that
exhibits the lack of order that Royal does.

If Royal is not Holcot's autograph, another possibility might be raised,
that Holcot began the task of editing his *quodlibeta* but did not finish and
that Royal stems from the draft on which he was working. But even this
possibility must be discounted. Royal probably does not represent
Holcot's working copy because the first quodlibetal debate is in the
poorest condition of the three debates found in that manuscript. One
would expect the first part of the text to be in better order than the last if
Royal were a working draft for an *ordinatio*. For these reasons, I do not
believe that Royal, as we have it, is a redaction of the quodlibets that
represents Holcot's editorial intentions.

---

divinae essentiae cognitionem ad intra et revelationem ad extra, divinae potentiae
operationem, naturae humanae assumptionem et divinae voluntatis notificationem per
praecepta et prohibitiones, et secundum ista, sex quaerebant, scilicet quaestiones divinam
maiestatem concernentia [*sic*, concernentes]. Prima fuit ista: 'Utrum clare videns Deum
videat omnia futura contingentia.' Secunda fuit: 'Utrum ista consequentia sit necessaria:
Deus scit A fore, ergo A erit, et sit A unum futurum contingens.' Tertia fuit ista: 'Utrum
facta revelatione alicuius futuri contingentis ipsum maneat contingens post revelationem.'
Quarta fuit ista: 'Utrum Deus possit aliquem punire de condigno.' Quinta fuit ista: 'Utrum
Christus fuisset incarnatus dato quod homo non peccasset.' Sexta fuit ista: 'Utrum Deus
obligando viatorem ad aliquod antecedens obligat eum ad quodlibet suum consequens.'"
(Royal, fol. 157va).

[25] See "Utrum haec sit concedenda: Deus est Pater et Filius et Spiritus Sanctus," below,
pp. 40-50, lines 197-428.

Since Royal does not provide a complete or orderly version of Holcot's quodlibetal questions, the original order of his *quodlibeta* must be reconstructed. As a preliminary to that task, an explanation for the differences that occur among the various manuscripts is required. The nature of the quodlibetal debates has suggested one possible answer. Most *quodlibeta*, as we have them, are the result of a three-phased process. The first phase consisted of a general debate *de quolibet a quolibet*, open to all members of the academic community. During the second phase, the master who was conducting the debate organized the questions that had arisen during the first phase into a coherent order of his own choosing and then gave a detailed and formal response to them. The second phase of the debate was not properly a debate at all, for the master ended the exchange of opinions with his own "determination" of what the answer should be. Finally, during the third phase, the master prepared an *ordinatio* copy of his *determinationes* for the book market.[26] Palémon Glorieux has found manuscripts that reflect each of these three phases, *reportatio* accounts of the first general debate and of the second determination phase given by the master, as well as the final edited versions that make up the vast bulk of the quodlibetal literature.[27]

Schepers has suggested that Pembroke derives from an original draft of the quodlibets, perhaps reflecting the chronological order of the first general debate.[28] He argues that the slight reduction in the number of questions and their different order in Balliol when compared with Pembroke resulted from Holcot's first rough editorial efforts.[29] The introductory passages in Royal bear the earmarks of the second phase of the debate in which the master organized the questions raised during the first phase. They make reference in the past tense to the questions raised *de quolibet* and impose an order on them not originally present. On the evidence of these introductory passages, it seems clear that Holcot prepared an *ordinatio* edition of his determinations, although Royal preserves it for us only in mutilated form.[30]

---

[26] Palémon Glorieux, *La littérature quodlibétique de 1260 à 1320*, vol. 1, Bibliothèque Thomiste 5 (Paris, 1925), pp. 20-42; ibid., vol. 2, Bibliothèque Thomiste 21 (Paris, 1935), pp. 28-50; idem, "Le Quodlibet et ses procédés rédactionnels," *Divus Thomas* 42 (Piacenza, 1939), 61-83.

[27] Glorieux, "Procédés rédactionnels," pp. 62, 64-65, 72-74.

[28] Schepers, "Holkot," (1970), p. 336.

[29] Schepers, "Holkot," (1970), pp. 336-337.

[30] Glorieux in fact uses the introductory passages to Holcot's *quodlibeta* as one example among many of the style typical of an edited version of the questions stemming from the determination phase of the debate, "Procédés rédactionnels," pp. 63-70.

But there are some problems with Schepers explanation for the diversity among the manuscripts. Either Pembroke or Balliol would have to stem from a *reportatio* of the first phase of the debate, and this seems unlikely. While the questions in both manuscripts occur in different order, there are large portions of each manuscript that can be matched up with one another in identical or almost identical sequences, and these sequences correspond to sequences either found in Royal or suggested by the introductory passages in Royal.[31] Pembroke and Balliol also contain material that parallels or derives from the first introductory passage in Royal. Balliol begins almost exactly like Royal with the statement that: "In disputatione de quolibet propositae fuerunt quaestiones 37, quarum prima est haec: 'Utrum theologia sit scientia'."[32] Balliol and Royal differ only in that Royal says twenty-seven questions will follow and Balliol says thirty-seven.[33] In Pembroke, J. T. Muckle discovered a passage in question 86, the number in that manuscript of the question "Utrum theologia sit scientia," that indicates this question was the first of a series of questions.[34] This passage presupposes knowledge about the order of questions in Holcot's determination. All three manuscripts, therefore, show evidence of the organization imposed during the determination phase of the debate.

Another explanation for the differences among the manuscripts, and one that seems more likely, may lie in the *pecia* system used to reproduce manuscripts in the university towns. Royal probably derives from Holcot's own autograph, presumably prepared as an exemplar for the *stationarii* or booksellers. Each exemplar from which copies were made existed as an unbound series of *peciae* or text units of four folios each. Scribes copied one *pecia* at a time, returning each to the *stationarius* before obtaining another for copying.[35] A number of problems might arise in the process. A copyist might not be able to obtain the next *pecia* in the series because another copyist might have it. He could leave a blank in the text to be filled in when he received the missing piece of text, or he could try to get another copy of the text, either in the form of a previously finished copy or of a *pecia* from a different exemplar.[36] Variations and

---

[31] See Table 1 below, pp. 113-116.

[32] Oxford, Balliol College MS 246, fol. 182ra.

[33] Royal, fol. 141vb.

[34] J. T. Muckle, "Utrum Theologia Sit Scientia: A Quodlibet Question of Robert Holcot O.P.," *Mediaeval Studies* 20 (1958), 147: "Redeamus ergo ad respondendum dictis sanctorum adductis pro 5 dubio in prima quaestione, quae videntur sonare quod deum esse est per se notum...." (Cambridge, Pembroke College MS 236, fol. 204ra).

[35] Jean Destrez, *La "pecia" dans les manuscrits universitaires du xiiie et du xive siècle* (Paris, 1935), pp. 5-7.

[36] Destrez, *La pecia*, pp. 33-41.

gaps might occur in the manuscripts as a result. Another kind of difficulty might arise if the copyist failed to return the *peciae* in his possession to the *stationarius*. The last unit of text was most likely to be mislaid in this way. The copyist had to return each *pecia* before receiving the next for copying, giving him reason to return the text units in his possession, but such an incentive did not exist in the case of the last piece of text.[37]

University commissions supervised the production of exemplars and reviewed the texts in the hands of the *stationarii* to make sure they were legible and conformed with the author's original.[38] If for any reason the process of review was poorly carried out, parts of an exemplar might become lost or disarranged. Royal shows no clear evidence that it was itself copied from *peciae*, but it seems plausible that a break-down in the system of copying from *peciae* gave rise to a disordered text of which Royal is a copy.

Pembroke and Balliol do not stem from the same source as Royal, at least not directly. They appear to be attempts to gather together as many of Holcot's questions as possible. These collections may derive from unbound units of text circulating among the students and faculty or from *peciae* haphazardly given out to the copyists. The text of Balliol is written with uneven margins in a rough hand that is not up to the usual standards of the professional scribes. A master or student may have collected the questions and copied them for his personal use. That Pembroke and Balliol have lost all but a few remnants of the introductory passages in Royal also points to their having been copied from odd units of text. Scribes would have been unlikely to copy the introductory passages if found attached to disorganized *peciae* or unbound quires. The introductions make sense only if the questions are organized as Holcot originally organized them, not in conjunction with random clusters of *quodlibeta*.

A reconstruction of Holcot's original order of questions may be attempted as follows. The questions in the manuscripts no longer follow the sequence which Holcot devised, but there are several sources of information that may allow at least a partial reconstruction of the original determinations. The introductory passages in Royal list the subject matter of questions to follow and some of the titles. And while the questions follow a different order in each manuscript, clusters of questions correlate

---

[37] Destrez, *La pecia*, p. 82.
[38] Destrez, *La pecia*, p. 26.

with one another to form identical or very similar sequences. If the questions circulated in groups, perhaps corresponding to *peciae* or to the twelve folio units of text on which the scribes copied the *peciae* they obtained from the *stationarii*, the relationship of questions one to another within a group might remain stable while the relationship of questions between groups might vary. If this was the case, and the fact that there are matching sequences of questions in the manuscripts suggests that it was, then the associations of various groups of questions in the manuscripts may also provide clues to the original organization. The first table lists the *at end* questions in the manuscripts showing their correspondences.

The second and third quodlibets are more easily reconstructed than the first. The introduction to the second quodlibet indicates that aside from two questions which he himself proposed, Holcot's *socii* presented ten questions for debate, five of which confronted the topic under discussion: the created will as a cause of man's meritorious and sinful acts. Holcot listed these five questions first and then the other five which were more indirectly connected with the proposed topic.[39] In Pembroke, these ten

[39] "In disputatione de quolibet proponebantur a sociis 10 quaestiones praeter duas quas proposui ego ipse. De illis 10, 5 fuerunt de materiis disputatis et 5 fuerunt aliquo modo in materia connexae. Omnes enim tangebant materiam de voluntate creata secundum quod est causa actus moralis, meriti vel peccati, et fuerunt istae in forma:

Prima: 'Utrum Deus possit facere creaturam rationalem impeccabilem.'

Secunda: 'Utrum voluntas peccabilis in qualibet sua temptatione sufficiat ex se a peccato declinare.'

Tertia: 'Utrum meritum viatoris consistat solum in actu voluntatis.'

Quarta: 'Utrum actus exterior habeat propriam bonitatem vel malitiam super actum interiorem.'

Quinta: 'Utrum imperium voluntatis possit impediri per aliquam virtutem intellectivam vel sensitivam.'" (Royal, fol. 152rb).

"Item < inter > quaestiones non connexas in materia quae in disputatione de quolibet per socios movebantur, una erat de iustitia divina et quattuor fuerunt de perfectione et imperfectione humana.

Prima fuit ista in forma: 'Utrum creator rationalis creaturae iuste operatur in omni operatione et in omni tempore suo.'

De perfectione vero humana quaerebantur duo, et similiter de imperfectione humana quaerebantur alia duo. Inter eas quae de humana perfectione quaerebantur, una fuit de quadam eminenti perfectione quae non convenit nisi paucis. Alia fuit de quadam perfectione communi quae deberet convenire omnibus et singulis.

Prima fuit ista: 'Utrum aureola doctoris debeatur solis doctoribus sacrae theologiae qui in ea incipiunt et in universitate approbata iuxta modum et formam universitatis.'

Secunda fuit ista: 'Utrum dilectio Dei aeterna homini sit possibilis.'

Duae vero quae de humana imperfectione quaerebantur fuerunt istae: 'Utrum quodlibet peccatum veniale diminuat < vel > dimidiat habitum caritatis.'

Alia: 'Utrum adultus rite baptizatus possit per tempus vitare omne peccatum.'" (Royal, fol. 155va).

questions correspond to questions 58 through 67 and follow the sequence in Royal. In Balliol, the first nine questions correspond to numbers 80 through 88. Only the tenth question has become detached from the rest and is found inserted among questions that belong to the third quodlibet. The manuscripts, for the most part, conform with one another and with the introductory passage in Royal. *Quodlibet* 2 appears to be complete with the possible exception of the two questions Holcot himself proposed. The introduction to the quodlibet does not list the titles of Holcot's own questions and could be interpreted as excluding them from what is to follow. Students may well have responded as a rule only to questions proposed by others, not to those which they themselves suggested for debate.

The third quodlibet is more problematic. It begins in Royal with an introduction that lists the first six questions:

1. "Utrum clare videns Deum videat omnia futura contingentia."
2. "Utrum ista consequentia sit necessaria: Deus scit A fore, igitur A erit, et sit A unum futurum contingens."
3. "Utrum facta revelatione alicuius futuri contingentis ipsum maneat contingens post revelationem."
4. "Utrum Deus possit aliquem punire de condigno."
5. "Utrum Christus fuisset incarnatus dato quod homo non peccasset."
6. "Utrum Deus obligando viatorem ad aliquod antecedens, obligat eum ad quodlibet suum consequens."[40]

Without this introduction we would not know the order of questions as Holcot originally answered them, because none of the manuscripts has a cluster of questions that precisely corresponds to the list given here. In Royal, the first three questions that follow the introduction are in sequence, but questions four and five reverse the order of the introductory list. The scribe has misplaced the sixth question altogether, having transcribed it as the eighth and last question of the first quodlibet. In Pembroke, questions 68 through 71 correspond to the first four questions cited in the introduction, but numbers 9 and 16 correspond to the fifth and sixth questions listed in Royal. In Balliol, the first two questions on the list have become detached from the cluster of questions that belong in the third quodlibet and are placed near the end of the manuscript as numbers 89 and 90. The remaining four questions in the introductory list correspond to numbers 77, 79, 78 and 16 in Balliol respectively. Balliol reverses the order of the questions corresponding to question four and five

---

[40] Royal, fol. 157va.

in the introductory list, just as Royal does, but Pembroke follows the introductory sequence for the first four questions, so the reversal of questions four and five in Royal is probably a scribal error and not the order in which the questions were originally answered.

The introductory list in Royal is the best guide to the first six questions of the third quodlibet. But with Royal 3.6, the first question not listed in the introductory passage, the introduction ceases to be of use. (Royal 3.6: "Utrum sapientia increata iuste puniat peccatores iuxta demerita," is the sixth question answered in Royal in the third quodlibet and should be distinguished from Royal 1.8, the sixth question in the introductory list of questions at the beginning of *Quodlibet* 3.) Unfortunately, Royal 3.6 presents some difficulty. In each of the manuscripts, the question corresponding to the sixth question in the introductory list has been detached from the body of questions that begin *Quodlibet* 3. Thus, there is a break in the sequence at the point where the introductory passage is no longer a guide. Royal 3.6, the first question after the break, corresponds to Pembroke 85, the last question in the sequence of questions in Pembroke that corresponds to the third quodlibet in Royal. In Balliol, Royal 3.6 corresponds to question 63, falling just before questions 64 and 65 that correspond to Royal 2.10 and 3.9. The other manuscripts, therefore, offer little help in determining whether Royal 3.6 should be the next question in the sequence.

There is some evidence in fact that Royal 3.6, like its predecessors: Royal 3.4, 3.5 and 1.8, has been displaced. In Balliol and Pembroke, the question corresponding to Royal 3.6 does not continue the sequence of questions listed in the introduction to *Quodlibet* 3 in Royal. And there is some internal evidence that Royal 3.6 may be out of order. The use of the phrase "sapientia increata" in the question is distinctive and occurs in *Quodlibet* 3.6 as determined by the introductory list, and in Royal 3.8, 3.9 and 3.10. Royal 3.6 is a companion question to Royal 3.10: "Utrum sapientia increata beatificet virtuosum secundum merita." On the basis of its wording and subject matter, I believe that Royal 3.6 belongs elsewhere in the sequence. The order of questions in Balliol suggests that Royal 3.6 might originally have come just before Royal 3.9.

If Royal 3.6 was not originally the seventh question in the third quodlibet, which question belongs in its place? In Balliol and Pembroke, the question that continues the sequence after the introductory list is exhausted corresponds to Royal 3.12: "Utrum observantia legis Moysaicae fuit Iudeis meritoria vitae aeternae." In subject matter it accords with Royal 3.7: "Utrum generalis resurrectio necessario sit futura," the question it would precede if it were the seventh question in the quodlibet. All in all, Royal 3.12 seems the likeliest candidate to replace Royal 3.6 as the seventh question in *Quodlibet* 3.

For the rest, with the exception of Royal 3.12, the manuscripts correspond with one another from Royal 3.9 through Royal 3.18. Pembroke conforms with Royal through Royal 3.19, but Balliol does not contain this last question.

Thus, with the addition of Royal 1.8, the total number of questions so far in *Quodlibet* 3 comes to twenty, but the introduction to the quodlibet indicates that there should be twenty-two questions. It reads:

> In disputatione de quolibet proponebantur 22 quaestiones, quarum quaedam erant de Deo, quaedam de homine, quaedam quaestiones ad utrumque et quaedam de proprietatibus tempore purae corporeae [?].[41]

The introduction then describes the contents and titles of the first six questions that consider the nature of God.[42] The questions from seven through twenty deal with problems that concern man and man's relationship with God. Unfortunately, the description of at least one and perhaps both of the two missing questions as "quaedam de proprietatibus tempore purae corporeae," appears to have been corrupted by a scribe at some point in the history of its transmission. It is impossible to say with any certainty what Holcot originally had in mind.[43] Thus, two questions are missing, of which the subject matter of one may be about the relationship of God to man, and of the other (or both) a matter of pure speculation.

Royal has a twentieth question in *Quodlibet* 3, written in a different hand from the rest of the manuscript. The question "Utrum haec sit concedenda: Christus est creatura," has no counterpart in the other manuscripts. At the end of the question, the same scribe appended a list of questions from the first book of Holcot's *Sentences* commentary. The new hand is rough and the copied material fills up pages left blank in the last twelve-folio quire of the manuscript. It looks as though an owner of the manuscript added a question that he had obtained elsewhere and started a table of contents. It seems unlikely that someone would knowingly add a question to a collection of Holcot's works that was not Holcot's without indicating that it had a different author. Thus the question is probably,

---

[41] Royal, fol. 157va.

[42] See p. 6, note 24 above.

[43] The phrase "tempore purae corporeae" might originally have been "tempore spherae corporeae," "temporis futuri contingentis," or "temporalis punitionis (*or* purgationis) corporeae." The possible range of subject matter rules out any hope of using this phrase to find the missing question or questions in *Quodlibet* 3.

although not certainly, Holcot's. It deals with God and man united in the being of Christ, a subject that would fall under the introductory heading of a question about God and man considered together. Since one of the two missing questions could fall under this heading, Royal 3.20 might well be the twenty-first question in *Quodlibet* 3.

A complete reconstruction of the third quodlibet is, however, impossible, because of the corruption in the text of the introductory passage at the beginning of this quodlibet. The second table summarizes what can be deduced from the information available.

The reconstruction of *Quodlibet* 1 presents the most difficulties. First, the number of questions in the quodlibet is in doubt. Royal begins with a statement that twenty-seven questions were proposed, but Balliol states that there were thirty-seven. Second, a lengthy introduction to Royal 1.3, cited above on page 4, gives the subject matter of a series of questions about the nature of God, but is ambiguous about the number of questions in each category. The manuscripts vary in the number of questions that consider God absolutely without reference to his creation, Royal and Balliol having only one and Pembroke two. Third, the introduction to Royal 1.7 says that there were nine questions raised about moral issues, but only six titles are given and only the first of the questions is answered in Royal. Finally, the sequences of questions in each manuscript that belong to the first quodlibet on the basis of information contained in the introductory passages in Royal peter out well before even the number twenty-seven is reached. Royal has seven questions that clearly belong in the first quodlibet, and the corresponding sequence in Pembroke continues for two more questions and the one in Balliol for perhaps four. Thus, the first third or half of *Quodlibet* 1 has become separated from the rest. The seven questions in Royal fall on twelve folio pages, almost exactly a quire. If the *quodlibeta* were copied but then remained unbound in order to circulate more widely, the first seven questions of *Quodlibet* 1 filling one quire, might have passed from hand to hand independent of the other questions. The separate circulation of quires might explain how the questions became detached from one another.

Some facts are certain, however. "Utrum theologia sit scientia" was the first question in the quodlibet. Introductory statements at the beginning of both Royal and Balliol attest to its primacy, and the text of the question in Pembroke (number 86) has a passage indicating that it was the first of a series of questions.[44] In accordance with the introduction to Royal 1.3, the

---

[44] "In disputatione de quolibet propositae fuerunt quaestiones 27, quarum prima est haec: 'Utrum theologia sit scientia'" (Royal, fol. 141vb). "In disputatione de quolibet

second question must have been "Utrum haec sit concedenda: Deus est
Pater et Filius et Spiritus Sanctus," Royal 1.3, Balliol number 2 and
Pembroke number 87. If there was only one question on God's essence
considered absolutely, then the next question must, according to the
introduction to Royal 1.3, have considered God's essence in relation to his
creation. An introductory statement at the beginning of Royal 1.2:
"Utrum perfectiones attributales essentiales in divinis indistincte praecedant omnem operationem intellectus," indicates that this was the only
question asked on this subject.[45] Royal 1.2 corresponds to Balliol 3 and
Pembroke 91. Again following the introduction to Royal 1.3, the next
question in the sequence must have considered God in relation to the
nature which he assumed, and a passage at the beginning of Royal 1.4:
"Utrum unio naturae humanae ad verbum sit una res distincta absoluta
vel respectiva," says that this question was the only such question posed.[46]
This question corresponds to Balliol 4 and Pembroke 94. The introduction
to Royal 1.3 says that speculative questions, *de possibili*, were next in the
sequence. A passage at the beginning of Royal 1.5 says that there were
two questions asked using propositions *de possibili*, one about God's
power and the other about his knowledge.[47] The two questions are Royal
1.5: "Utrum Deus potest facere quidlibet de quolibet," and Royal 1.6:
"Utrum Deus posset scire plura quam scit." The first corresponds to
Balliol 5 and Pembroke 95, the second to Balliol 6 and Pembroke 96.
These six questions belong at the beginning of *Quodlibet* 1, and Balliol, so
far, emerges as the most reliable of the three manuscripts for the first
quodlibet.

An introductory passage at the beginning of Royal 1.7 indicates that
nine questions concerning morals followed, of which the first was Royal
1.7: "Utrum in beato Paulo fuerunt virtutes theologicae pro tempore
raptus."[48] This question corresponds to Balliol 7 and Pembroke 97. Royal
breaks off at this point after listing the titles of five other questions on the
virtues and vices. However, Pembroke and Balliol continue for several
more questions in unbroken sequence. Balliol 8: "Utrum caritas beatorum

---

propositae fuerunt quaestiones 37, quarum prima est haec: 'Utrum theologia sit scientia'"
(Balliol, fol. 182ra). Muckle, "Theologia," p. 147: "Redeamus ergo ad respondendum
dictis sanctorum adductis pro 5 dubio in prima quaestione, quae videntur sonare quod
Deum esse est per se notum...." (Pembroke, fol. 204ra).

[45] See p. 5, note 21 above.

[46] "Consequenter de Deo per comparationem < ad > naturam quam assumpsit, fuit
proposita una talis: ...." (Royal, fol. 149ra).

[47] See p. 6, note 22 above.

[48] See p. 6, note 23 above.

in patria possit corrumpi," corresponds to Pembroke 98. Balliol 9: "Utrum per potentiam Dei absolutam possit aliquis acceptari sine caritate eidem formaliter inhaerente," corresponds to Pembroke 99, the last question in that manuscript.

In Balliol, the eleventh question: "Utrum septem vitia capitalia in specie distinguantur," corresponds to the first of the five titles cited in the introduction to Royal 1.7 as belonging in the sequence of nine questions on the virtues and vices. Balliol 8, 9, and 10 may, therefore, be the three questions missing from the list of nine questions on morals to which Royal 1.7 alludes. Balliol 8 and 9 correspond to the questions that seem to continue the first quodlibet in Pembroke. The subject matter of Balliol 10: "Utrum virginitas beatae Virginis fuerit laudabilior quam eius fecunditas," is compatible with the other questions in the sequence. Aside from the question on the seven deadly sins, however, neither Pembroke nor Balliol have any of the other questions listed by title in Royal 1.7. There is, therefore, a break in the sequence of questions in the first quodlibet in Balliol at question 11.

William Courtenay has argued that the first fifteen questions in Pembroke, with the exceptions of 1 and 9, stem from Holcot's Biblical commentary on Matthew.[49] These questions include the tenth question in Balliol, which corresponds to Pembroke number 5. His argument rests on the subject matter of the questions and their clustering at the beginning of Pembroke. The sequence in Pembroke is not unbroken, however. Number 9 is the fifth question in the third quodlibet on the testimony of the introduction to that debate. The first question in Pembroke, one on the stars, seems too lengthy to be a quodlibet, and has been termed a separate work, a *Tractatus de stellis*.[50] The questions on Matthew, therefore, do not form an unbroken sequence in Pembroke, and since there are good grounds for believing the sequence in Balliol is unbroken through the first eleven questions, or at most missing one question, and since the numbering fits with the expectation of nine questions on morals raised in the introduction to Royal 1.7, I believe that the tenth question in Balliol should be numbered among the questions in the first quodlibet rather than among the questions of Holcot's Matthew commentary.

[49] William J. Courtenay, "The Lost Matthew Commentary of Robert Holcot, o.p.," *Archivum Fratrum Praedicatorum* 50 (1980), 104-112.

[50] Lynn Thorndike, "A New Work by Robert Holcot (Corpus Christi College, Oxford MS 138)," *Archives internationales de l'histoire des sciences* 10 (1957), 227-235, follows the fifteenth-century designation of the work as a *Tractatus de stellis* found in Oxford, Bodleian, MS E Musaeo 167, fol. 41r, and Hoffmann, *Theologische Methode*, pp. 405, 410-411, 414, also uses the term.

The original sequence of questions probably ran then through the first eleven questions in Balliol, followed by the four questions on virtues and vices cited by title in Royal 1.7. These fifteen questions seem to me to belong with reasonable certainty to the first quodlibet. The reconstruction now becomes much more difficult and speculative. Each of the manuscripts breaks off in the middle of *Quodlibet* 1. If the introductory statement at the beginning of Royal is correct, that there were originally twenty-seven questions in the first quodlibet, then twelve remain unaccounted for. If the introductory statement at the beginning of Balliol is correct, that there were originally thirty-seven questions, then twenty-two are missing.

If the questions from *Quodlibet* 1 have not become totally scattered but still remain clustered in groups that follow the original quodlibetal sequence, then looking for clusters of questions in the manuscripts that form discernible series or groupings may provide a clue to the whereabouts of the missing questions. The manuscripts contain several discernible series. For example, of the first fifteen questions in Pembroke, twelve and possibly thirteen seem to have been gathered from Holcot's commentary on Matthew.[51] Questions 26 through 49 in Pembroke also form a cohesive series. They correspond to a similar series in Balliol proceeding from questions 25 through 50 with the exceptions of questions 37 and 38 that appear to belong to the Matthew commentary.[52] These twenty-four questions are all quite short, taking up between a quarter of a column to a column in space. Both of these sequences can be eliminated as candidates for the second half of the first quodlibet, the one belonging to an identified work and the other consisting of questions much shorter than most of the questions that are known to belong among the quodlibetal determinations. The second sequence also contains an overabundance of questions if the introduction in Royal is correct that the number of questions in the first quodlibet was twenty-seven.

There remains a third series of questions, the *Determinationes* found in the Lyons printed edition of Holcot's works. The designation as "determinationes" suggests that they may well belong with the other *quodlibeta* that would merit that title. There are fifteen questions in all ascribed to Holcot in the printed edition. The first is not by Holcot, but Roger Rosetus or Roseth, a contemporary of Holcot's who lectured at Oxford or

---

[51] Courtenay, "Matthew Commentary," pp. 109-111.
[52] Courtenay, "Matthew Commentary," p. 109.

Cambridge around 1335.[53] *Determinationes* 2 through 7 correspond in slightly rearranged order to questions 52 through 57 in Pembroke and 57 through 62 in Balliol. *Determinationes* 8 through 11 are found in Pembroke interspersed with the first questions of *Quodlibet* 1. *Determinationes* 13 and 15 appear to be part of the Matthew commentary,[54] and *Determinationes* 12 and 14 are fragments that have no counterparts in the manuscripts. Eliminating *Determinationes* 1, 13 and 15, twelve questions remain.

The best case can be made for including *Determinationes* 2 through 7 in the first quodlibet. They fall in Pembroke just prior to questions 58 through 67, the ten questions that make up *Quodlibet* 2. If the questions in *Quodlibet* 1 were broken into separate groups, the last questions in the quodlibet might well have remained associated with the questions of the succeeding quodlibet.

The subject matter of *Determinationes* 2 through 7 also supports the contention that they are a coherent group of questions. They deal with problems connected with the will, merit and fruition, matters that would logically follow a series of questions on the virtues and vices. Robert Holcot's contemporary and probable *socius* at Oxford, Adam Wodeham, generated considerable controversy over his opinions on precisely these subjects. *Determinationes* 2 through 7 address the debate that ensued. *Determinationes* 2 and 4 even cite passages from Wodeham's Oxford *Sentences* commentary.[55] It is not surprising that Holcot would devote a significant number of questions to topics raised in debate with Wodeham and that these questions should form a continuous series.

Determinatio 8: "Utrum fruitio possit manere in voluntate et non esse fruitio," and *Determinatio* 9: "Utrum angelus non confirmatus clare

---

[53] Konstantyn Michalski, "Le criticisme et le scepticisme dans la philosophie du xive siècle," *Bulletin international de l'Académie Polonaise des Lettres*, Classe d'histoire et de philosophie (Cracow, 1927), pp. 47-48, identifies the first *Determinatio* as coming from Roger Swineshead's *Sentences* commentary, but he has confused Roger Swineshead with Roger Rosetus. See V. Doucet, "Le Studium franciscain de Norwich en 1337 d'après le ms Chigi B.V.66 de la Bibliothèque Vaticane," *Archivum Franciscanum Historicum* 46 (1953), 90-92. Also see J. A. Weisheipl, "Roger Swyneshed, o.s.b., Logician, Natural Philosopher and Theologian," in *Oxford Studies Presented to Daniel Callus*, Oxford Historical Society, n.s. 16 (Oxford, 1964), pp. 231-252; idem, "Ockham and Some Mertonians," *Mediaeval Studies* 30 (1968), 207-213 and William J. Courtenay, *Adam Wodeham: An Introduction to his Life and Writings*, Studies in Medieval and Reformation Thought 21 (Leiden, 1978), pp. 120-121, on the confusion among Richard Swineshead, Roger Swineshead and Roger Rosetus in the sources.

[54] Courtenay, "Matthew Commentary," p. 109.

[55] Courtenay, *Wodeham*, pp. 101-103.

videns Deum posset Deum non diligere stante illa visione," also deal with the problem of fruition. They seem to continue the sequence of *Determinationes* that constitute the debate with Wodeham. While in the Lyons edition these questions form a continuous sequence with the other *Determinationes*, in Pembroke they are found among the questions that belong to the first part of *Quodlibet* 1. The association with the first quodlibet is suggestive, but it raises the problem of just how the original sequence of questions might have been arranged. Did these questions precede *Determinationes* 2 through 7, forming a link between the first and last parts of the quodlibet? Or is the sequence in the Lyons edition correct in which *Determinationes* 8 and 9 succeed 2 through 7? In any case, if *Determinationes* 2 through 7 should be included among the questions of the first quodlibet, *Determinationes* 8 and 9 should probably be included as well.

The ground becomes much shakier at this point. *Determinationes* 10 and 11 are found in Pembroke among the questions that belong in *Quodlibet* 1. A case can be made for their inclusion on grounds similar to those used to include *Determinationes* 8 and 9, that they are associated in the manuscript with the first quodlibet and in the printed edition with other questions that seem to belong in the second half of *Quodlibet* 1. But there are some difficulties. *Determinatio* 10: "Utrum cum unitate essentiae divinae stet pluralitas personarum," deals with a subject matter that would place it at the beginning of the quodlibet. Indeed, in Pembroke it is found in conjunction with the question that considers God absolutely, only in relation to himself. But in the Lyons edition it comes after the questions on fruition. There are three possibilities. *Determinatio* 10 does not belong to the first quodlibet. Or, if it was originally a part of *Quodlibet* 1, either it was the third question in the debate, constituting a second question on God considered absolutely without reference to his creation. The introduction to Royal 1.3 is ambiguous about the number of questions on this topic. Or, Holcot returned to the problem of the nature of God at the end of his quodlibet as a natural outcome of questions on fruition. The organization would be somewhat unusual, but would account for the order of the questions in the Lyons edition and for the fact that even in Pembroke it is grouped with *Determinationes* 8 and 9 in consecutive sequence. The placement of *Determinatio* 10 in Pembroke suggests either the second or third alternative. The otherwise apparently unbroken sequence of questions in Balliol from the first to the eleventh and the sequence of questions in the Lyons edition support the third.

Like *Determinatio* 10, *Determinatio* 11: "Utrum Deus est causa effectiva omnium aliorum a se," is included in Pembroke among the questions of the first quodlibet. It is number 92, falling between number 91: "Utrum perfectiones attributales in divinis indistincte praecedant omnem operationem intellectus," the third question in Balliol, and number 93: "Utrum circumstantia aggravet," a question unique to Pembroke. It also follows closely after number 90, which corresponds to *Determinatio* 10 in the Lyons edition. The association with the first quodlibet in Pembroke and the association in the Lyons edition with the other determinations presumed to be part of the first quodlibet, raise the possibility that it, too, originally belonged in *Quodlibet* 1. The subject matter presents some difficulty, however, because the question deals with God in relation to his creation. The introduction to Royal 1.2 indicates that there was only one such question among the questions at the beginning of the quodlibet. If the order of the questions in the Lyons edition is correct, then Holcot may have returned to a consideration of the nature of God as a result of an examination of fruition. *Determinationes* 10, 11 and, for that matter, 12: "Utrum Deus fuerit causa effectiva mundi per creationem," would then have come at the end of the first quodlibet. *Determinatio* 12 is a companion question to *Determinatio* 11, and although it exists in only fragmentary form in the Lyons edition and is not found in any of the other manuscripts, it should probably be included among the *quodlibeta* because of its connection with *Determinatio* 11.

The inclusion of *Determinationes* 10, 11 and 12 in the first quodlibet must remain quite conjectural. Their subject matter would ordinarily place them at the beginning of a series of quodlibetal questions, not at the end. It is possible that they form the first part of a fourth quodlibetal debate, not included in the collection in Royal. If *Determinatio* 11 belongs in *Quodlibet* 1, however, then it is possible to date the debate. Konstantyn Michalski discovered that Pembroke, question 92, contains a line in the fourth article: "cuius oppositum tenet fides praedicans durationem mundi esse iam 6531 annorum."[56] Calculating on the basis of the usual date given in England for the birth of Christ: March 25, 5199 years after the beginning of the world, Michalski figured the date of the question to be 1332.[57] This question corresponds to *Determinatio* 11 of the Lyons edition. The equivalent passage there is faulty, reading: "oppositum tenet fides dicens durationem mundi esse iam ferre Mdxxxii annorum."[58]

---

[56] Pembroke, fol. 216va.

[57] Michalski, "La physique," pp. 110-111.

[58] Robert Holcot, *In quatuor libros sententiarum questiones argutissime: quedam (ut ipse auctor appellat) conferentie; de imputabilitate peccati questio non penitenda; determinationes item quarundam aliarum questionum* (Lyons, 1518; repr. Frankfurt, 1957), fol. K2ra.

Heinrich Schepers has suggested that the "ferre" is what is left of I ⊃ ⊃, making the original date I ⊃ ⊃ MDXXXII, or 1333.[59] William Courtenay has countered that the "fere" should be taken seriously and that the academic year 1332-1333 might be intended.[60]

Whether the year was 1332 or 1333, the question is unlikely to have belonged to the period of Holcot's regency because he did not become a master until 1333 by Courtenay's earliest reckoning or 1334 by Schepers'.[61] That Holcot appears to have determined quodlibetal questions during his days as a bachelor is evidence of the breakdown in the fourteenth century of the magisterial monopoly over the quodlibetal debates that characterized the thirteenth.[62]

In any event, *Determinatio* 12 has only one of the six articles listed at the beginning of the question as contained in that question. *Determinatio* 13, according to Courtenay's reckoning, is from the Matthew commentary.[63] There is, therefore, a break in the sequence of determinations in the Lyons edition between *Determinationes* 12 and 13. If *Determinationes* 2 through 12 were originally part of the first quodlibet, eleven of the twelve questions missing from the quodlibet would be recovered (assuming that the number of questions was originally twenty-seven in accordance with the introduction in Royal rather than thirty-seven in accordance with the introduction in Balliol).

As for the twelfth missing question, there are several possible candidates. *Determinatio* 14: "Utrum Deus sit a nobis cognoscibilis," seems not unlikely, since it is associated in the Lyons edition with the other *Determinationes*. However, it occurs in only fragmentary form and is not found in any of the manuscripts. For these reasons, questions might arise about its authenticity. Some other possibilities for the twelfth question are Pembroke number 50 (Balliol 52): "Utrum aliqua propositio possit componi ex intentionibus et speciebus in anima naturaliter signantibus rem," Pembroke 51 (Balliol 56): "Utrum doctrina venerabilis Anselmi rationabiliter debeat reprobari," and Balliol 55: "Utrum omnis amor quo Deus dilexit homines fuit moraliter virtuosus." These questions closely precede the questions that correspond to *Determinationes* 2 through 7 in Pembroke and Balliol. Another possibility is Pembroke 93: "Utrum circumstantia aggravat," which is inserted among other questions that

---

[59] Schepers, "Holkot," (1970), p. 351.
[60] Courtenay, *Wodeham*, p. 99, note 220.
[61] Courtenay, *Wodeham*, pp. 96-100; Schepers, "Holkot," (1970), p. 353.
[62] Glorieux, *Littérature quodlibétique* 2: 33-36; Courtenay, *Wodeham*, p. 99, note 220.
[63] Courtenay, "Matthew Commentary," p. 109.

belong to the first quodlibet. Any one of these questions might also be substituted for the more questionable *Determinationes*, like 10, 11 and 12.

Therefore, the original sequence of questions in *Quodlibet* 1 is not possible to reconstruct completely. The introduction to Royal 1.3 is ambiguous about how many questions should follow under each of the headings introduced. The Lyons edition orders *Determinationes* 2 through 7 differently than they occur in Balliol and Pembroke. On the basis of subject matter, the order in Lyons seems more probable, but the manuscripts concur in placing *Determinatio* 4 after *Determinatio* 7. And, in Pembroke, *Determinationes* 2 through 7 directly precede the questions that belong in the second quodlibet. Were *Determinationes* 2 through 7 the last questions in *Quodlibet* 1 with the other *Determinationes* constituting the link between the first and second halves? Or does the Lyons edition represent the original order, with the *Determinationes* proceeding 2 through 12, after the last of the questions on morals? Or did *Determinationes* 10 through 12 constitute the beginning of another, fourth quodlibet?

Table three (p. 117 below) contains a tentative reconstruction of as much of the first quodlibet as the evidence warrants. After the first fifteen entries the reconstruction becomes increasingly conjectural. For the *Determinationes*, I have adopted the order found in the Lyons edition as being the most straightforward, but this sequence is only one of those possible.

Of the three questions on the nature of God which I have edited, two definitely belong to the first quodlibet as questions two and three. The third, *Determinatio* 10, may have belonged to the first quodlibet, falling between the other two edited questions or near the end as question 24. Or, it may have been the first question in a fourth quodlibetal debate.

Summary of the Contents

In his questions on the nature of God, Holcot took up some of the most pressing theological issues of his time. He developed his position on faith and reason at length in the course of answering difficulties connected with the doctrine of the Trinity. In these questions, he asked whether the church required the faithful to believe what is contradictory or what seems to be contradictory. He asked whether the tenets of the faith required a rejection of Aristotelian logical principles. And he confronted the question of whether various *insolubilia* invalidate Aristotelian logic. Paul Vincent Spade has pointed out that in the Middle Ages, unlike other periods in the history of philosophy when paradoxes discovered in antiquity have brought about examination of the foundations of logic, the *insolubilia* were regarded more as a nuisance than anything else.[64] However, in the fourteenth century, several difficult tenets of the faith, in particular the doctrine of the Trinity, had an effect on philosophy similar to the effect of the classical paradoxes on other ages.[65] It was Holcot's gift to see that the paradoxes derived from the faith and those derived from philosophy both presented philosophy with a fundamental challenge, and he confronted both kinds of paradox together. While his responses to the challenge are often derived from others,[66] his capacity to view the problems in theology and philosophy from the widest perspective, gives Holcot's questions a greater interest.

In addition to the relation between faith and reason, Holcot also discussed the Scotist conception of formal non-identity and a number of the alternatives to the Scotist position that others had devised. While he did not develop his own position on universals in these questions, he did dispose of a number of the opinions of his contemporaries. On the issue of the formal non-identity, he divorced himself from Ockham, severely criticizing the idea that there might be any kind of non-identity, or even quasi-non-identity, in God between God's essence and each of the three persons of the Trinity. Ockham's reasons for rejecting the formal non-identity in creatures seemed sufficient to Holcot for rejecting it in God as well, and yet, he did not turn around and defend the Thomist concept of a distinction of reason which members of his own Dominican order were apt to espouse. He accepted Ockham's objections to the Thomist position and added some counter-arguments of his own. On the question of distinction in God, Holcot followed neither of his chosen mentors, Aquinas nor Ockham. From his vantage point as a follower of both men, he was able to see how the Dominican and Franciscan traditions cancelled each other out, and his sensitivity to language enabled him to cut through the considerable accretions of scholastic jargon that surrounded the subject of distinction in God.

Holcot pointed out that it is only possible to distinguish between things that are not one and the same thing, and that all things which are distinct

---

[64] Paul Vincent Spade, "Recent Research on Medieval Logic," *Synthese* 40, no. 1 (1979), 8.

[65] Philotheus Boehner, "The Medieval Crisis of Logic and the Author of the *Centiloquium* Attributed to Ockham," in *Collected Articles on Ockham*, ed. Eligius M. Buytaert (St. Bonaventure, N.Y., 1958), pp. 351-372, and Hester Goodenough Gelber, "Logic and the Trinity: A Clash of Values in Scholastic Thought, 1300-1355," (Ph.D. diss., University of Wisconsin-Madison, 1974).

[66] Gelber, "Logic and the Trinity," pp. 265-283, 299-317.

are in some way mutually distinct one from another. Every distinction is, therefore, a real distinction, a distinction between things. Holcot argued that Aquinas, Ockham and the entire scholastic tradition erred in speaking of a distinction of reason between two concepts as though such a distinction were not a real distinction between two things. The various concepts distinguished in the mind were themselves things, really distinct from one another. Therefore, Holcot stated that all distinctions are real distinctions and that the only real distinctions permissible in God are those between the three persons of the Trinity.[67]

Holcot indicated some ways our language misleads us into attributing distinction and plurality to God. For example, we are accustomed to using propositions like: "The divine essence and goodness are one thing," in which a plural verb is used. Holcot argued that in fact such a proposition is false, because the compound subject signifies one and the same thing, not several things. Such a proposition was equivalent to the proposition: "Marcus and Tullius are one man." If we use plural verbs with compound subjects of this kind, it is all too easy to begin to attribute diversity where none exists. Plural verbs imply a plurality of subject, but compound subjects do not necessarily convey a true plurality.[68]

Scholastic theologians all conceded that some predicates could be applied to the divine essence that could not be applied to God the Father. One could say: "The essence is the Son," but not: "The Father is the Son." But then a very serious dilemma arose, because the term "essence" and the term "Father" both signify the same thing in these propositions. If contradictory predicates like "son" and "not-son" could be predicated of one and the same thing, the divine essence, the most fundamental logical principles would seem to be violated. Holcot pointed out that when Ockham and others in the Franciscan tradition said in response to the difficulty that different predicates could be predicated of the essence and the Father because the essence and the Father were formally distinguished, they were involved in a circular argument. For they turned around and defined a formal distinction as occurring when terms signifying the same thing have mutually exclusive predicates. With the same facility, Holcot argued, one could say that paternity and essence are distinguished "orationally" or "complexly" or "subjectally" or "predica-

---

[67] See "Utrum perfectiones attributales in divinis distincte praecedant omnem operationem intellectus," below, pp. 59-60, lines 112-144.

[68] See "Utrum haec sit concedenda: Deus est Pater et Filius et Spiritus Sanctus," below, p. 41, lines 217-229, pp. 42-43, lines 261-268, and p. 48, lines 378-385. Also see "Utrum perfectiones attributales," below, pp. 60-61, lines 145-154.

tely." For example, some "oration" might be true in which the term "essence" is the subject, but the same "oration" becomes false if the term "paternity" replaces the term "essence." Therefore, one could say that essence and paternity are "orationally" distinguished. In the same way, one could show that they differ "propositionally," "complexly," and so on, inventing other such adverbs, just as one says that paternity and essence are formally distinguished.[69]

Holcot believed that the concept of a formal distinction simply put the original dilemma in different terms, and by so doing solved nothing while seeming to do so.[70] On these grounds, Holcot rejected all of the various distinctions between God's essence and his relative properties that had proliferated within the scholastic tradition to deal with the Trinitarian problem. Essence and relation in the divine being could not be "really," nor "modally," nor "formally," nor "rationally," nor "convertibly," nor in any other way distinguished, for to be distinguished meant to be distinct.[71]

But if terms like "formal distinction," "modal distinction," "rational distinction," "non-convertibly the same," and so on, had papered over the original logical difficulty, by stripping off the paper, Holcot was forced to face the apparent incompatibility between Aristotelian logic and the doctrine of the Trinity. In his commentary on Peter Lombard's *Sentences*, Holcot responded to the difficulty in a passage for which he is best known, that there must be two systems of logic, a logic appropriate to the natural order, best exemplified in Aristotle's works, and a logic appropriate to the supernatural order, a logic of faith whose rules would be quite different from Aristotle's. He concluded that Aristotelian logic did not hold universally, but only for the natural order.[72]

---

[69] See "Utrum haec sit concedenda," below, p. 49, lines 414-422, and "Utrum cum unitate essentiae divinae stet pluralitas personarum," below, pp. 101-102, lines 972-1000.

[70] See "Utrum cum unitate essentiae," below, pp. 101-102, lines 972-986.

[71] See "Utrum cum unitate essentiae," below, pp. 102-103, lines 1001-1006.

[72] Robert Holcot, *Sententiarum* 1.4 [5, Lyons]: "Ad quintum quando arguitur essentia divina generat, ergo generat alium Deum, nego antecedens, revelatum enim credo sanctis patribus illam fore negandam et ab ecclesia determinatum.

Ad probationem quando arguitur per syllogismum expositorium, potest dici quod numquam est syllogismus expositorius ubi demonstratur res quae est una et tres, et ideo de forma hic non est bonus syllogismus expositorius: Hic Deus creat, hic Deus est Trinitas, ergo Trinitas creat, licet omnes propositiones sint verae. Similiter, non est inconveniens quod logica naturalis deficiat in his quae fidei sunt, et ita sicut fides est supra philosophiam naturalem ponens res produci per creationem, ad quam philosophia naturalis non attingit, ita moralis doctrina fidei ponit quaedam principia quae scientia naturalis non concedit; eodem modo rationalis vel logica fidei alia debet esse a logica

relative dates?

In the *quodlibeta*, however, Holcot refined and changed his thinking. He turned to Ockham's *Summa logicae* in defense of both Aristotle and the faith. Ockham had defined the primary Aristotelian syllogism, the expository syllogism, as valid only if the subject of the premises does not signify something that is one and several. Therefore, an expository syllogism can never contain terms that signify God, the divine essence or the divine persons, because the divine essence is essentially several things and whatever pertains to them, and every divine person, notion and property is the divine essence which is several.[73] An expository syllogism could not be formed using such terms for the same reason a good syllogism could not be formed from particulars in every figure. The syllogism: "Man runs, man is white, therefore white runs," is not valid because the subject in the major might stand for Plato and the subject in the minor for Socrates, and the conclusion would not follow from the premises. The same difficulty arose if one accepted the extreme realist position that the same humanity in number is both Socrates and Plato, and that Socrates and Plato are two different men.[74] Therefore, Holcot pointed out, pursuing a course also followed by Peter Aureole, Richard Campsale, Ockham and Adam Wodeham, a fallacy of accident occurs in syllogisms which appear to be expository but include terms signifying the Trinitarian relationship, and Aristotle's logic remains universally applicable accor-

---

naturali. Dicit enim Commentator, 1 *Metaphysicae*, commento 15, quod quaedam logica est universalis omnibus scientiis, et quaedam propria unicuique scientiae, et si hoc est verum, a fortiori oportet ponere unam logicam fidei. Similiter alia logica utitur logicus certa specie obligationis obligatus et alia libere respondens secundum qualitatem propositionum. Immo philosophi non viderunt aliquam rem esse unam et tres, ideo de ea in suis regulis mentionem non fecerunt. Sunt ergo in logica fidei tales regulae: 'Quod omne nomen absolutum praedicatur in singulari de tribus et non in plurali.' Alia est: 'Quod unitas tenet suum consequens ubi non obviat relationis oppositio,' et ideo concessis praemissis dispositis in modo et in figura, negatur conclusio quia illi conclusioni obviat relationis oppositio, sicut si sic arguitur: Haec essentia est Pater, haec essentia est Filius, ergo Filius est Pater. Utraque praemissarum est vera, et apparet dispositio tertiae figurae.

Sed quid est dicendum ? Estne logica Aristotelis formalis vel non ? Dico quod si non vis vocare logicam formalem nisi illam quae tenet in omni materia, sicut dicit Commentator, 1 *Physicorum*, commento 25, sermo concludens per se debet concludere in omni materia, tunc patet quod non. Si vis vocare formalem logicam illam quae per naturalem inquisitionem in rebus a nobis sensibiliter notis non capit instantiam, dico quod sic." (Oxford, Balliol College MS 71, fol. 36rb; Oxford, Oriel College Library MS 15, fols. 139vb-140ra; Royal fol. 32va; Pembroke, fol. 32vb; Lyons, 1518, fols. f1vb-f2ra).

[73] See "Utrum cum unitate essentiae," below, pp. 79-80, lines 368-416, and William of Ockham, *Summa logicae* 3.16, *Opera philosophica*, ed. Philotheus Boehner, Gedeon Gál and Stephanus Brown, 1 (St. Bonaventure, N.Y., 1974), pp. 403-404, lines 4-47.

[74] See "Utrum cum unitate essentiae," below, p. 80, lines 402-416.

anyone of them

ding to its principles, because its principles exclude application to a being that is essentially several things and whatever pertains to them.[75]

Holcot emerges from these pages as an independent thinker who dared to challenge the opinions of the greatest scholastics: Aquinas, Scotus and Ockham. And yet his criticisms remained within the common boundaries of scholasticism. He viewed himself as part of a tradition in which each contributed to the common task of seeking God through faith-guided reason. He accepted the basic premises of his calling: that philosophy was a very important tool for the theologian, but that its limits in the service of theology must always be kept in mind. Philosophy, even as the supreme achievement of the rational mind, could never completely penetrate the mystery of God which lay beyond the powers of mortal comprehension. But philosophy and reason could help greatly in the task of clarifying the faith.

[75] See "Utrum cum unitate essentiae," below, p. 81, lines 417-420. For Aureole, Campsale, Ockham and Wodeham, see Gelber, "Logic and the Trinity," pp. 206-234, 253-257.

Robert Holcot

Utrum haec sit concedenda:
Deus est Pater et Filius et Spiritus Sanctus

B Oxford, Balliol College, MS 246, fols. 192ra-193vb, 190rb-192ra, 193vb-194ra.

P Cambridge, Pembroke College, MS 236, fols. 202vb-203vb, 202ra-202vb, 203vb-204ra.

R London, British Library, Royal MS 10.C.VI, fols. 148ra-149ra, 147ra-148ra, 149ra.

Utrum haec sit concedenda:
Deus est Pater et Filius et Spiritus Sanctus

Viso prius de habitu theologico, sequuntur quaestiones motae de theologiae subiecto. Quaerebantur alicubi de Deo inter quaestiones theologicas et speculativas: quaedam quaestiones per propositiones < de inesse, quaedam per propositiones > de possibili multipliciter; < inter >

5a illas autem quae fuerunt quaesitae < per > propositiones de inesse, quaedam quaerebantur de Deo absolute, quaedam quatenus convenit cum creaturis et quaedam de Deo per comparationem ad naturam quam assumpsit. Prima quaestio fuit ista: "Utrum haec sit concedenda: Deus est

9a Pater et Filius et Spiritus Sanctus."[1]

Et videtur quod non, quia quando aliquid negatur a quolibet alicuius praedicabilis de multis suppositis, ipsum negatur ab ipso praedicabili. Sed hoc praedicatum negatur a quolibet supposito divino quia Pater non est Filius et Spiritus Sanctus, nec Filius, nec Spiritus Sanctus, ergo etc.

5 Ad oppositum est Magister *Sententiarum*.[2]

Circa istam quaestionem, tria faciam. Primo volo inquirere utrum *Catholicus* Catholicus debeat concedere contradictoria, secundo utrum debeat concedere illa quae sunt sibi non apparentia, tertio dicam ad formam

P 203ra quaestionis. //

10 Circa primum articulum, dico primo quod Catholicus debet concedere *debet* illa quae sunt contra rationem, hoc est, aliquas propositiones de quibus *concedere* non potest sibi constare utrum sint verae vel falsae. Hoc patet quia illa debet concedere quae tenetur credere, sed fides est substantia rerum *credere*

1a-9a viso ... Sanctus *om.* BP   5a fuerunt] fuerit R

1 et videtur *om.* PR | quia] arguitur P; *om.* R   2 praedicabilis] praedicatur B | ab] de R   3 est] Pater *add.* P; Pater et *add.* B   4 et *om.* B | nec[1] ... Sanctus *om.* P | etc. *om.* B   10 dico] quaestione *add.* R | debet] deberet R   11 illa *om.* R | contra rationem] contradictoria R   12 sint verae] verae sunt R | hoc] et hoc dico scientifice constare P | illa *om.* R

[1] Lines 1a-9a constitute an introduction to some of the questions that are to follow. They occur only in London, British Library, Royal ms 10.C.VI.

[2] Peter Lombard, *Sententiae* 1.2.1, Spicilegium Bonaventurianum 1.2 (Rome, 1971), p. 61, lines 12-15.

argumentum

sperandarum, argumentum non apparentium, secundum Apostolum,
15 Heb. 11.[1]. Unde philosophi < et > astronomi qui per coniunctiones
B 192rb planetarum ad cognoscendum sectas et leges // venati sunt, vocaverunt
sectam Christi sectam Mercurii, et imaginatur quod illud quod ista lex
sperat sit supra naturam hominis. Unde Ovidius, *De vetula*, libro 3,
inquirit quare Deus debet velle fieri homo, dicens sic: "undique perscrutor
probabilitatem
20 si possem forte venire in verisimilem veramve probabilitatem, qualiter
induci Deus ad quid tale volendum posset; certus enim sum, quod lex
Mercurialis plurima naturae contraria sit positura." [3]

Secundo, dico quod Catholicus uno tempore debet concedere unam
propositionem quam alio tempore non oportuit eum concessisse. Haec
A
25 probatur quia illud est concedendum a Catholico quod ecclesia determinat
R 148rb esse concedendum, sed // ecclesia potest determinare de aliqua propositione concedenda quae modo non necessario conceditur, igitur etc.
Patet hoc de facto, nam antequam istud nomen "persona" esset admissum
ab ecclesia et a Catholicis, non fuit necesse concedere istam: Deus est tres
30 personae. Iam autem est necessarium, et ita est de multis aliis determinatis
in consiliis per summos pontifices celebratis.

Tertio, dico quod determinare quid est concedendum et quid non,
pertinet ad solam auctoritatem summi pontificis qui praeest toti ecclesiae
et nulli inferiori, nam illa quae pertinent ad totam ecclesiam nemo potest
35 immutare vel confirmare nisi ille qui praeest toti ecclesiae, et ideo
congregare synodum generalem, determinare contrarietates in fide et
constituere symbolum pertinet ad auctoritatem papalem, sicut dicit

---

14 secundum Apostolum] ad B; *om.* R   15 unde] et *add.* BR | coniunctiones]
communtationes B   16 cognoscendum] rationem B; divisiones R | venati] venanti P |
vocaverunt] vocant BR   17 sectam² *om.* B | imaginatur] dicunt P | illud] quae P; idem
R | quod² *om.* P | ista] ita B   18 sperat] et praecipit *add.* R | sit] sunt BR | 3] ubi *add.*
BR   19 dicens] dicit BR   20 possem] possim R | veramve *om.* B; omnino P; univer-
saliter (?) R | probabilitatem] probantem R   21 tale *om.* R | enim sum] visum B | sum
om. P   22 plurima] plura B   23 quod *om.* R | tempore] tertiae B   24 oportuit]
oportet R | eum *om.* P; esse R | haec] hoc BP   25 illud] idem R | concedendum] quod
R | determinat] demonstrat B   26 potest] idem *add.* R   27 non] est *add.* B | etc. *om.*
P   28 nam *om.* P | esset] oportet B   29 ab ... et *om.* B | ab ... Catholicis] a Catholico
R | necesse] *verbum illegibile* R | concedere] concedi B | tres] tertiae R   30 autem]
igitur B | et ... est] sic B | ita ... aliis] sic R   31 celebratis] celebrantes B
33 pontificis] pontificem R   35 nisi] nisi *add.* B   36 determinare ... in] demonstrare
quid de B | contrarietates ... fide] conclusiones erroneas R

[3] Pseudo-Ovid, *De vetula* 3, ed. Paul Klopsh, Mittellateinische Studien und Texte 2
(Leiden, 1967), p. 274, lines 685-689.

Sanctus Thomas, secunda secundae, q. 1, articulo ultimo in pede,[4] quod intelligo sic: non quod papa possit de iure pro libito voluntatis suo
40 constituere novum articulum et determinare illum esse credendum, sed si fieret sibi vel alteri revelatio alicuius credibilis vel si sit nova discussio per sanctos et Catholicos quod aliquid sit explicite credendum quod prius implicite credebatur, dico quod in tali casu exspectatur auctoritas summi pontificis qui est vicarius Christi in terris.

45 Quarto, dico quod Catholicus non debet niti ad probandum vel
B 192va ostendendum quod sic est sicut articulus dicit per rationem innitentem // lumini naturali, sed tantummodo per auctoritates et revelationes vel miracula. Unde contra illum qui nullam auctoritatem recipit, nullam viam habet theologus in mere credibilibus, sicut patet per Dionysium, *De divinis*
50 *nominibus*, c. 2,[5] et allegatum est superius.

Quinto, dico quod nec Catholicus debet niti ad respondendum scientifice ad argumenta haereticorum et philosophorum nisi sint argumenta peccantia in forma, quia hoc non est sibi possibile, quia respondere scientifice ad argumentum peccans in materia est ostendere
55 aliquam praemissam esse falsam, sed impossibile est Catholico ostendere quod oppositum articuli est falsum quia hoc esset ostendere ipsum articulum esse verum, quod est impossibile viatori de lege communi.

Sexto, dico quod argumentis factis contra fidem responderi debet per regulas Catholicas quae sunt spirituales in spiritualibus materiis secundum
60 // determinationem sanctorum, sicut in materia de Trinitate dantur
P 203rb regulae quod omnia sunt unum in divinis ubi non obviat relationis oppositio, et concedere tunc debet praemissas et negare conclusionem, quia forma syllogistica in illis terminis capit instantiam < et > in

---

38 Sanctus] Beatus B | quod] hoc BR   39 possit *om.* P; posset R | pro ... voluntatis] pro habitu R | libito voluntatis] libero B   40 determinare] terminare R | si *om.* P
41 fieret] fierent B | credibilis] credendi R | discussio] discutio BR   42 et *om.* R
43 auctoritas] auctoritates R   45 probandum *om.* BR | vel *om.* BR   46 sic] ista R | innitentem] convincentem (?) B   47 et] per R | vel *om.* R   49 theologus] Catholicus R   50 *nominibus* ... superius] vide quod ex alia parte in margine B | et ... superius *om.* R   51 Catholicus debet *trp.* BR   52 scientifice] sciente R   53 peccantia] potentiora R | hoc *om.* R   54 scientifice] sciente R   56 ipsum *om.* P   58 dico *om.* P | responderi] respondere R   59 secundum *om.* R   60 de Trinitate] determinate R
62 tunc *om.* BR | conclusionem] et consequentiam *add.* R   63 in illis] nullis R | instantiam *om.* R

---

[4] Thomas Aquinas, *Summa theologiae* 2.2.1.10.Resp., ed. T. C. O'Brien, vol. 31 (New York, 1974), p. 54.
[5] Pseudo-Dionysius Areopagita, *De divinis nominibus* 2, in *Dionysiaca*, vol. 1 (Paris, 1937), p. 68.

euchariſt

sacramento altaris quod accidentia sunt sine subiecto et quod corpus est
65 alicubi ubi tamen non circumscribitur loco. Et sic per istas regulas fidei
captivare debemus iudicium acceptum secundum regulas naturales quae
extollunt se adversus scientiam Dei, et haec est intentio Sancti Apostoli
Pauli, [2 ad] Corinthios 10.[4-5]: "Arma," inquit, "militiae nostrae non
sunt carnalia, sed potentia Dei ad destructionem munitionum, consilia
70 destruentes et omnem altitudinem extollentem se adversus scientiam Dei,
et in captivitatem redigentes omnem intellectum in obsequium Christi."
B 192vb Nota glossam pro expositione litterae, si volueris.[6] //
R 148va Septimo, dico quod aliquid est concedendum // ab uno Catholico quod
A non oportet concedi ab alio. Hoc patet quia doctor et praelatus tenentur
75 habere fidem explicitam de quibusdam de quibus simplex non tenetur, et
per consequens habet concedere aliquam propositionem quam simplex
non tenetur concedere.

tanquam

Octo, dico quod omnis propositio determinata tanquam vera a scriptura
sacra vel ecclesia est a Catholico concedenda.

doctrinae
A

80 Nono, dico quod nulla auctoritas cuiuscumque doctrinae alterius est
necessario recipienda a Catholico. Hoc dicit expresse Augustinus in

---

64 sacramento] sacramentum B   65 tamen *om.* P   67 extollunt] extollit R |
adversus] sanctam *add.* B | haec] hoc B | intentio *om.* R | Apostoli *om.* BR
68 militiae] malitiae B   69 potentia Dei] pondere R   71 omnem] nostrum R
72 nota ... volueris] "Arma," id est virtutes et nota quod scientes dicit virtutes et
numquam diversis caliditatibus munita consilia destruentes, id est nos militamus
destruentes consilia hominum vel demonum, et "omnem altitudinem," id est
profunditatem intellectus, tam legisperitorum quam philosophorum. "Extollentem se
adversus scientiam Dei," illa de Deo sicut dum impugnant partum virginis et huiusmodi.
"Et in captivitatem redigentes omnem intellectionem," id est captivos ducimus omnes
superbiae intelligentes dum contradicentes Christo remittimus ducentes eos usque in
obsequium Christi ut qui fidei Christi ante repugnabant humiliter obediebant gloria
ibidem. B; Glossa: "Arma," id est virtutes et nota dicit signanter virtutes et miracula per
quae in praedicatione militamus. "Non sunt carnalia sed potentia Dei," id est fidem
domini. "Ad destructionem munitionum," id est ut destruant consilia hominum vel
demonum, et "omnem altitudinem," profunditatem intellectus, tam leges peritorum quam
philosophorum. "Extollentem se adversus scientiam Dei." "In captivitatem redigentes
omnem intellectum," id est captivos diutius omnes superbe intelligentes Deum contradicentes remittimus docentes eum in obsequium Christi, ubi fidei Christi est ante
repugnantes humiliter obediant. Haec glossa ibi. R   73 dico] de R | aliquid est] est
aliquod R   74 concedi ... alio] concedere alium R   75 de[1] *om.* P | quibusdam *om.* P;
quibuscumque R | de[2]] ex R   76 concedere | aut *add.* B   77 concedere *om.* P
79 a Catholico] Catholice R   80 auctoritas] alterius R | alterius] auctoritas R

[6] *Bibliorum Sacrorum cum Glossa ordinaria primum quidem a Strabo Fuldensi, et
Postilla Nicolai Lyrani, Additionibus Pauli Burgensis ac Matthiae Thorungi Replicis*, vol. 6
(Paris, 1590), pp. 427-432. The gloss provided in the texts of Oxford, Balliol College MS
246, and London, British Library, Royal MS 10.C.VI, follows the interlinear gloss
attributed to Anselm of Laon.

diversis locis: libro 1 *De sermone domini in monte*, c. 20: "Scripturae, quae non est in Catholico canone, licet nobis non credere." [7] Item in quadam epistola ad Sanctum Ieronymum: "Solum eis scripturarum libris, qui
85 canonici appellantur, didici hunc honorem deferre, ut nullum auctorem eorum scribendo errasse aliquid firmissime credam. < ... > Alios autem ita lego, ut, quantalibet sanctitate et doctrina praepolleant, non ideo verum putem, quia ipsi ita senserunt." [8]

Ex hiis omnibus patet quod sola illa sunt necessario concedenda a
90 Catholico, et omnia illa quando sciuntur esse talia vel pro talibus legaliter mere promulgantur. Et sicut dico de propositionibus, ita dico de argumentis discursibus et consequentiis in materia de credibilibus, quod illae consequentiae sunt concedendae quae determinantur esse concedendae ab ecclesia, et illae consequentiae sunt negandae quae determinantur
95 esse negandae. In // consequentiis, autem, quae neque sunt determinatae
B 193ra tanquam concedendae neque tanquam negandae, potest Catholicus respondere sicut sibi placet. Unde sicut Catholicus multas propositiones concedit quas non novit evidenter esse veras, et multas negat quas non novit evidenter esse falsas, sed credit has esse veras et illas esse falsas, ita
100 multas consequentias habet concedere quas non videt evidenter esse bonas et multas negare quas non videt evidenter esse malas.

Decimo, dico quod Catholicus nulla logica debet uti in concedendo et negando sive propositiones sive consequentias nisi determinatione ecclesiae, nec aliquibus regulis humanitus adinventis sic quod illae regulae
105 sint necessitativae suae concessionis vel negationis in materia de

---

82 *domini*] Dei B | 20] 29 PR   83 nobis] a nomine R   84 eis] illis R
85 appellantur] appellatur B | ut] et B | auctorem] auctoritatem B   86 scribendo] scribendae R | autem] igitur B   87 quantalibet] quod natura talibus R | sanctitate] descire B, de sanctitate R | et doctrina] doctrinarum BR | praepolleant] propolleant BR
88 ipsi ... senserunt] ipse non proferunt B   89 illa *om.* R | a] et R   90 legaliter] legibus B; lege R   91 mere *om.* P | promulgantur] vulgantur R | sicut] sic B | dico *om.* R   92 argumentis] articulis BR | discursibus] de cursibus R   93 consequentiae] quae R   93-94 quae ... concedendae *om.* R   94 consequentiae *om.* R   95 negandae] ab ecclesia *add.* R | neque] igitur quaeque B   95-96 neque ... tanquam²] nec determinatur ut concedendae nec ut P   97 respondere] videre R   98-99 veras ... esse¹ *om.* B
99 evidenter *om.* R | has] illas R | esse³ *om.* B   100 videt] vidit R   101 videt] vidit R | evidenter *om.* BR | malas] falsas B   102 nulla logica] nullam logicam B | uti] habere B   103 et] vel R | sive¹ *om.* R   105 sint] sunt sunt R | necessitativae] necessaria (?) B; mensura R

---

[7] Augustine, *De sermone domini in monte* 1.20: "Cui scripturae licet nobis non credere – non enim est in catholico canone...." CCL 35: 75, lines 1635-1636.
[8] Augustine, *Epistulae* 82.1.3 (CSEL 34.2: 354, lines 5-13).

credibilibus. Patet hoc, quia in materia tali deficit logica naturalis, nam aliquando in syllogismo expositorio oportet concedere utramque praemissam et tamen negare conclusionem, et tamen secundum logicam naturalem ille discursus est universalis, etiam optimus, nec habet
110 instantiam. Verbi gratia, si sic arguitur: haec res est Pater, haec res est Filius, ergo Filius est Pater, videtur optima consequentia. Nec consimilis
P 203va instantia potest inveniri in universo // mundo. Unde Aristoteles arbitratus est quod talis forma arguendi est notior et evidentior quam syllogismus quicumque factus ex universalibus vel ex universali et particulari, et ideo
115 hac forma utitur, 1 *Priorum*, in probando conversiones antequam quicquam de syllogismo determinat.[9]

Contra ista: si ista sint vera, sequitur quod non sit utile theologo addiscere logicam.

Dico quod sic, magis tamen ad respondendum et solvendum rationes
120 sophisticas quam ad adducendum. Dicunt enim multi contra fidem et frivolas inducunt rationes, et ad tales sufficit ingenium per logicam informatum, unde Aristoteles, *De pomo*,[10] et tamen eodem modo logica est necessaria, ut beatus a loco non legatur.[11]

Circa secundum articulum est maxima difficultas propter articulum de
125 Trinitate, nam cum tres sint personae, quaelibet illarum est essentia, et

---

106 patet hoc *trp.* B | deficit] desinit P   107-108 praemissam] praemissarum R
109 ille *om.* BR | discursus] non habet (habent B) instantiam (instantia B) sed *add.* BR |
etiam] et BR   110 sic arguitur] arguam si B; arguitur si R   111 est] hic *add.* B |
consimilis] similis BR   112 inveniri] responderi R | universo] toto B | Aristoteles]
harum R   113 forma] figura B | arguendi *om.* P   114 quicumque] quiscumque BP |
universali] universalis B   115 utitur] utique R   116 quicquam *trp. p.* syllogismo R |
determinat] determinet R   117 ista[1] ... sequitur] igitur videtur theologico B; ergo
videtur R | sit] scit B | theologo *om.* B   118 logicam] logica R   119 tamen *om.* BR |
et] ad *add.* P   120 quam] et quantum BR | ad *om.* B | adducendum] deducendum R |
dicunt] dupliciter BR | et *om.* BR   122-123 unde ... legatur *om.* P   122 *De pomo om.*
B   123 ut] et R | legatur] laedatur R   124 maxima] ultima B   124-125 de
Trinitate] Trinitatis BR   125 sint] sunt R | personae] et *add.* B | est] necessaria *add.* B

---

[9] Aristotle, *Analytica priora* 1.2.25a1-26.

[10] Pseudo-Aristotle, *Liber de pomo*, ed. Marianus Plezia, Auctorum Graecorum et Latinorum Opuscula Selecta 2 (Warsaw, 1960), pp. 62, line 6-63, line 14. There was controversy over the authenticity of this work during the Middle Ages. See Mary F. Rousseau, *The Apple or Aristotle's Death* (Milwaukee, 1968), pp. 29-33. Holcot seems to accept Aristotle's authorship.

[11] The meaning of the phrase "ut beatus a loco non legatur" is obscure. Holcot may be saying that man has been given the ability to use logic in matters of faith so that God will not have to delegate saints to leave their places in heaven and produce miracles on earth to assuage men's doubts. An alternative reading for the passage might be "ut beatus a laeto non laedatur."

B 193rb   tamen nulla est alia, sed unaquaeque distinguitur // realiter ab alia, ita
quod una simplicissima res est tres res quarum nulla est alia, et tamen illa
R 148vb   una est // quaelibet, et omnes illae simul acceptae quia essentia vere et
realiter est tres personae.

130   Idem etiam patet de essentia et proprietatibus personarum, nam essentia
divina est paternitas, filiatio et spiratio passiva, et tamen nulla harum est
alia. Ista positio videtur ponere contradictoria fore concedenda quia haec
est concedenda: haec res est Pater demonstrata essentia divina, haec res
non est Pater demonstrata filiatione, et tamen eadem res demonstratur per
135   subiectum utriusque propositionis. Unde videtur quod contradictoria
sint concedenda in divinis. Similiter de istis: hoc est communicabile
demonstrata essentia, hoc non est communicabile demonstrata paternitate.
Similiter: hoc generat demonstrato Patre, hoc non generat demonstrata
essentia. Et tamen una et eadem res demonstratur in utraque propositione.
140   Similiter tales sunt concedendae: paternitas distinguit, essentia non
distinguit, hoc quod est Pater est Filius quia essentia quae est Pater est
Filius, et hoc quod est Pater non est Filius quia Pater qui est Pater non est
Filius. Deus qui est Pater est incarnatus, et tamen Pater non est incarnatus.
Persona distinguitur: essentia non distinguitur. Et multae tales propositio-
145   nes quae sibi videntur contradicere sunt ab omni Catholico concedendae.

    Ad vitandum autem contradictionem talem in divinis semper labo-
raverunt doctores et theologi, et varii varias vias invenerunt. Aliqui
dixerunt quod essentia et relatio distinguuntur secundum intellectum et
rationem, licet sint una res, sicut vult Sanctus Thomas et multi alii.[12]
150   Aliqui quod distinguuntur formaliter, licet sint idem idemptitate et
realiter, sicut Doctor Subtilis vult.[13]

---

126 tamen *om.* R | unaquaeque] unaquaque B | realiter ... alia] alia realiter R
127 et ... illa *om.* B   127-128 illa una *om.* R   130 idem ... patet] et ita est P | etiam ...
de] sentiret B | essentia ... proprietatibus] proprietatibus et essentia R | et] de B |
personarum *om.* BR   131 tamen *om.* P | harum] illarum B   132 ista *om.* R | contra-
dictoria] contradictio B | fore] esse P | concedenda] quia *add.* B   133 divina *om.* PR
135 subiectum] similem R | videtur] dicitur B   136 similiter] sicut R
137 essentia ... demonstrata *om.* R   138 similiter] sicut R   140 sunt concedendae
trp. P   141 distinguit] distincta R   143 Pater[2]] Deus qui etc. R   144-
145 propositiones *om.* BP   145 ab omni] a P   146 talem] talium P   147 et[1] *om.* R
| et[2] *om.* B   148 essentia ... distinguuntur] relatio et essentia distinguitur R |
intellectum *om.* P | et[2] *om.* PR   149 vult *om.* R   150 aliqui] alii P | quod *om.* B |
distinguuntur] distinguitur R   151 vult *om.* R

---

[12] Thomas Aquinas, *Commentum in quatuor libros sententiarum* 1.2.1.2.Solutio, in
Opera omnia, vol. 6 (Parma, 1852-1873; repr. New York, 1948), pp. 62-63.
[13] John Duns Scotus, *Lectura* 1.2.2.1-4, in *Opera omnia*, ed. Charles Balič, vol. 16
(Vatican City, 1960), pp. 211-217; idem, *Reportata Parisiensia* 1.33.1-3, in *Opera omnia*,

Dico, ergo, primo quod Catholicus tenetur concedere propositiones de quibus non novit evidenter et scientifice probare quod sunt compossibiles vel quod non sunt compossibiles.

155 Secundo dico quod omnes propositiones quas Catholicus credit et
B 193va concedit, debet concedere // esse compossibiles, quia credere debet eas esse veras, omnes autem verae sunt compossibiles, igitur.

Tertio dico quod non debet concedere contradictoria. Potest tamen concedere propositiones quae videntur esse contradictoriae vel implican-
160 tes contradictoria, sicut istae duae propositiones videntur includere contra-dictionem: Deus est res simplicissima, et Deus est tres personae sive tres res, et tamen credimus quod non includunt aliquam contradictionem. Causa autem quare nullus Catholicus debet concedere quod concedit contradictoria, sed quae videntur contradictoria, est quia, videtur mihi,
165 quod nullus intellectus assentire potest opposito primi principii vel credere quod contradictoria sint simul vera. Quia si credo quod hoc sit verum,
P 203vb credo quod ita sit sicut per eam // denotatur, et si credo quod suum oppositum est verum, credo quod non sit ita, sicut per eam denotatur, et < non > sunt opiniones compossibiles simul in mente, sicut deducit
170 Aristoteles, 4 *Metaphysicae*.[14]

Sed contra, tu assentis istis propositionibus: hoc est communicabile, hoc non est communicabile, et tamen subiecta supponunt pro eadem re quia in prima pro essentia et in secunda pro paternitate. Vel ergo apparet tibi quod sit contradictio inter istas, et tunc assentis opposito primi principii,

---

152 ergo *om.* BR | tenetur] habet P   153 quod] quia B   154 quod *om.* P | sunt *om.* P   155 credit] credidit R   156 concedere] credere R | debet[2] *om.* R | eas *om.* P   157 igitur *om.* BR   159 esse *om.* B | contradictoriae] contradicere B   160 contra-dictoria] contradictionem R   161 et *om.* P   161-162 est[2] ... res] res tres B   161 personae ... tres *om.* R   162 non includunt] implicant R | aliquam *om.* BR   163 causa] iam R | nullus *om.* B; nemo R | Catholicus] non *add.* B | debet] debent R | quod concedit *om.* B   163-164 quod ... videntur *om.* R   164 sed ... contradictoria *om.* P | est *om.* B   165 assentire] assentiri B | opposito] subiecto R | vel] ut R   166 sint] sunt BR | sit] si B   167 ita *om.* R; ista B | eam] illa B   168 verum] falsum P; non *add.* R | non *om.* R | sit ita] est sic B; sic est R | eam | eandem B; illud P   169 non *om.* BR | sunt *om.* R | compossibiles *om.* B; communes R   168-170 et ... *Metaphysicae om.* P   171 sed *om.* R   172 supponunt] semper ponit R | eadem] una BR   173 .et *om.* BP   173-174 tibi ... istas] vel quod sunt contradictoriae R   174 inter istas *om.* B | assentis opposito] assentitur subiecto R

---

ed. Luke Wadding, vol. 22 (Lyon, 1639; repr. Paris: Vivès, 1891-1895), pp. 392-410; idem, *Ordinatio* 1.2.2.1-4, in *Opera omnia*, ed. Charles Balič, vol. 2 (Vatican City, 1950), pp. 349-361.
[14] Aristotle, *Metaphysica* 4.3.1005b, and throughout 4.3.

175 vel non apparet tibi quod sint contradictoria, et tunc non pateris difficultatem.

Dico quod istarum propositionum contradictionem dupliciter examino et mensuro, aliquando per regulas notas naturaliter in aliis propositionibus consimilibus in terminis, et sic videtur mihi quod sint contradictoriae,
180 quia invenio hoc alibi quod ubicumque praedicata sunt contradictoria et copula est verbum singularis numeri et subiectum est pronomen
R 149ra demonstrativum singularis numeri et eiusdem rei, // illae propositiones sunt contradictoriae. Aliquando autem examino istam contradictionem per regulas theologicas a Deo et ecclesia determinatas, et tunc invenio
185 quod non sunt contradictoriae, et isto iudicio concurrente voluntate,
B 193vb "captivo" priorem apparentiam et iudicium si quod fuit, et sic credo // quod non sunt contradictoria.

Dico etiam quod quia non habeo claram notitiam illius rei pro qua subiecta supponunt, ideo nescio quod sunt contradictoria, eo quod non
190 habeo claram et evidentem notitiam de re quae est Deus pro qua subiecta supponunt talium propositionum. Et sic assentire possum ad credendum quod non sunt contradictoria.

Similiter nusquam invenitur quod ecclesia determinaverit contradictoria esse concedenda, sed magis oppositum. Sed tamen in mere
195 credibilibus nescimus iudicare quae propositiones sint contradictoriae et
B 190rb quae non, secundum quod dictum est.[15] //
P 202ra
R 147ra

175 contradictoria] contradictoriae R | pateris] potis B; poteris R   176 difficultatem] diffinitatem B   177 examino] examinatio R   178 mensuro] mensurae B | aliquando] salutem R | notas] notum B | aliis] terminis et *add.* P   179 in *om.* P; et R | terminis *om.* P | mihi] iudicandum *add.* R | contradictoriae] contradictoria B   180 hoc *om.* R 181 est¹ *om.* R   183 aliquando ... istam] solum examinatio illarum propositionum R 184 et¹] autem B; ac R] ecclesia] per ecclesiam B; per essentiam R | invenio] iudico R 185 iudicio] quod est aliquo modo *add.* BR   186 si quod] sicut B   188 etiam *om.* B | quia *om.* R | habeo] habet R   188-189 pro ... subiecta] per quam B   189 subiecta ... nescio] supponit eo nescit R | eo] ipso *add.* BR   190 claram *om.* P | et *om.* BP | notitiam] et claram *add.* P   190-191 subiecta supponunt *trp.* P   191 et sic] sed BR | ad credendum *om.* P   193 similiter] sicut R | nusquam] numquam B; nullus quam R | determinaverit] determinat quod B; determinavit quod R   194 esse] sunt B; sint R 194-195 mere credibilibus *trp.* BR   195 sint] sunt BR | contradictoriae] contradictoria R   196 secundum quod] sicut R

[15] A fragment of text has become separated from the main body of this question in each of the three manuscripts. In Cambridge, Pembroke College MS 236, the fragment is found on folios 202ra-202vb, attached at the end of the question "Utrum theologia sit scientia," and accords with pp. 40-47, lines 197-383 edited below. In Oxford, Balliol College MS 246, the fragment is found on folios 190rb-192ra, also attached at the end of the question "Utrum theologia sit scientia." It is edited as pp. 40-49, lines 197-422 below. And in London, British Library, Royal MS 10.C.VI, the fragment is found on folios 147ra-

Ideo omissis istis, dico primo aliqua in speciali de essentia et relatione, secundo aliqua in generali de omnibus articulis. Circa primum dico quod essentia et relatio non distinguuntur realiter nec formaliter nec ratione nec
200 convertibiliter nec aliquo modo, cuius ratio est quia sic distingui infert distingui.[16] Sequitur enim distinguuntur ratione, ergo sunt distincta ratione, et sic de distinctione formali, quia sequitur distinguuntur formaliter, ergo sunt distincta formaliter, et ultra, ergo sunt distincta aliquo modo, consequens falsum, quia idem nullo modo distinguitur a se.
205 Et dico quod haec non est concedenda: essentia et relatio sunt idem, quia sequitur: sunt idem, ergo sunt, consequens falsum. Haec tamen est concedenda: essentia et relatio significant idem terminis supponentibus simpliciter vel materialiter.

Tertio, dico quod nec haec est concedenda: essentia et relatio sunt et
210 ideo non idem, propter eandem causam.

P 202rb   Contra: ista sunt // contradictoria: essentia et relatio sunt idem, essentia et relatio non sunt idem. Praeterea essentia et relatio aut sunt, aut non sunt. Si non sunt, ergo non sunt idem. Si sunt et non sunt idem, ergo

---

197 dico] quod *add.* R | primo aliqua] aliqua nota primo R   200 convertibiliter] inconvertibiliter P; convertu R | cuius *om.* BR   200-201 infert distingui] indistinctionem B   201 distinguuntur] formaliter vel *add.* R | ratione] vel formaliter *add.* B   201-202 sunt ... ratione] distinguuntur P   202-203 et ... distincta[1]] vel BR   203 ergo[1] *om.* R   205 est *om.* R   207 concedenda] vera P   208 simpliciter vel materialiter] materialiter vel simpliciter P   209 dico *om.* B | nec haec] haec non R | haec est *trp.* B   209-210 et ideo *om.* BP | non *om.* R   212 praeterea *om.* R   213 sunt[3] *om.* PR | sunt[5] *om.* PR

148ra, attached to the question "Utrum perfectiones attributales essentiales in divinis distincte praecedant omnem operationem intellectus." It is edited as pp. 40-50, lines 197-428 below. The Rev. Joseph C. Wey discovered the fragments in Pembroke and Balliol and the marginal note in Pembroke on folio 202ra indicating where the fragments belong in the text.

[16] Holcot refers here to a number of the various kinds of distinction others had devised to explain the doctrine of the Trinity. At the Fourth Lateran Council, the Church had ruled out a real distinction between essence and relation in God. Bonaventure contributed the notion of a modal distinction, a distinction less than a real distinction and more than a rational distinction. Scotus and his followers, including Ockham, used the concept of formal non-identity, variously interpreted as implying distinction or not, to describe the relation between essence and relation. Aquinas and a few of his followers advocated the rational distinction. The concept of non-convertibility is found in the works of Scotus allied to the formal non-identity and in the works of Hervé Nédélec, Walter of Chatton, Adam Wodeham and in the *Centiloquium theologicum* as an alternative to the formal non-identity. See Hester Goodenough Gelber, "Logic and the Trinity: A Clash of Values in Scholastic Thought, 1300-1335," (Ph.D. Diss., University of Wisconsin-Madison, 1974), throughout, for an analysis of the Trinitarian discussions of the thirteenth and fourteenth centuries.

distinguuntur; ergo sunt diversae res. Praeterea, utraque istarum est quia
215 relatio est et essentia est, ergo ista sunt. Praeterea, ista contradicunt: ista
B 190va sunt idem, // ista non sunt idem.

Ad primum istorum, dico quod nulla assumptarum est concedenda,
nec aliqua illarum est intelligibilis, sicut nec ista: sol et sol sunt, sol et sol
non sunt. Vel si sint intelligibiles, tunc erunt falsae propter falsam
220 implicationem in copulatione, quia numquam est copulatio nisi inter
diversa. Unde nulla earum est concedenda. Similiter ista: utrumque
istorum est, non est intelligibilis, quia est incongrua, sicut ista: utrumque
Sortis est. Unde quando accipitur quod ista contradicunt: ista sunt, ista
non sunt, dico quod non sunt contradictoria, quia non sunt propositiones
225 intelligibiles, et quod omnes tales sunt falsae vel non intelligibiles: homo et
animal rationale sunt idem, potentiae animae sunt idem cum essentia,
album et musicum sunt idem per accidens, materia et privatio sunt idem
re et differunt ratione, paternitas et divinitas aliquo modo sunt idem,
sapientia et bonitas sunt omnibus modis idem in Deo.

230 Quarta conclusio: haec non est concedenda: inter essentiam et
relationem est aliqua identitas, nec ista: inter essentiam et relationem est
aliqua non-identitas, nec aliqua propositio habens tale subiectum, quia
nihil est inter aliquid et seipsum, nec est intelligibile aliquid esse inter
aliquid et seipsum.

235 Quinta conclusio est quod haec potest concedi: aliquo modo relationis
ad essentiam est identitas, quia aequivalet isti: relatio est eadem essentiae,
et haec est satis vera.

Sexta conclusio est quod haec non est concedenda: relationis ad
R 147rb essentiam est omnimoda identitas, quia aequivalet isti: // relatio est
240 omnibus modis idem essentiae, quod est manifeste falsum, quia si sic,
esset idem genere, consequens falsum, quia non consuevit dicere aliquid
esse idem genere alicui nisi sint duae res existentes in eodem genere. Si

---

214 utraque istarum] utrumque istorum PR   215 relatio ... est²] essentia et relatio R
217 primum istorum] oppositum R | istorum *om*. P   218 nec aliqua] nulla enim R |
intelligibilis] intelligibilia B   219 sunt] sol *add*. B | sint] sunt R | erunt] sunt R
220 copulatione] copulante R   221 earum] eorum B; illarum R | concedenda]
consequenda R   222 non *om*. R | est² *om*. B   223 quod *om*. BR | contradicunt] sunt
contradictoria B   224 sunt² *om*. P | contradictoria *om*. PR | sunt³ *om*. R   225 et¹]
etiam R | non *om*. R   226 idem¹ *om*. R   227 accidens] et *add*. B   228 paternitas]
paternitatis R | divinitas] deitatis R   229 et *om*. R | omnibus ... idem] unum sed non
dicendum sunt R   230 quarta conclusio] quarto dico quod R   231-232 nec ... non-
identitas] quia BP   232 subiectum] est intelligibilis *add*. P   235 est quod *om*. P
236 isti] ista R   237 satis *om*. BR   238 est quod *om*. P   239 omnimoda] omnino R
| isti] huic P   240 omnibus modis *trp. p.* essentiae B | si *om*. BP   241 dicere] dici P
241-242 aliquid esse *trp*. B   242 idem genere *trp. p.* alicui B | sint] essent P; sunt R

autem concederetur: Sortes est sibiipsi idem specie, Sortes est sibiipsi idem
genere, tunc posset eadem ratione concedi: relatio est idem genere
245 essentiae, et hoc ponendo Deum in genere. Tamen haec nullo modo est
vera: relatio est idem essentiae omnibus modis, sicut haec est falsa: Sortes
est omnino idem numero et omnibus modis sibiipsi. Ista consequentia non
B 190vb valet: istae duae propositiones // aequivalent, ergo aliae duae, etc., sicut
non sequitur: istae duae propositiones convertuntur: corporis est albedo,
250 et corpus est album, ergo istae duae convertuntur: corporis non est albedo,
ergo corpus non est album, nam accidentia bene stant simul: corporis est
albedo, et corporis non est albedo, sed conclusione contradicunt vel
inferunt contradictoria.

Ex hiis patet quod improprie loquitur Guillelmus super 1 *Sententiarum*,
255 d. 2, q. 3, ubi dicit: "quod 'ens' et 'unum', si supponant personaliter, sunt
una res et una natura, et non aliter distinguuntur ens et unum quam ens et
ens vel unum et unum. Si autem supponant simpliciter vel materialiter,
non sunt una res nec una natura, sed dicunt vel significant unam rem vel
unam naturam." [17] Similiter infra vult quod haec sit concedenda: "bonum
260 et verum sunt idem realiter, si supponant personaliter." [18]

Contra: si isti termini "ens" et "unum" supponant personaliter pro
eadem re (quia aliter nihil esset ad propositum), haec est incongrua: ens et
unum sunt una natura, quia duo termini supponentes pro eadem re
quorum uterque est singularis numeri, numquam possunt reddere
265 suppositum verbo pluralis numeri, maxime verbi neutri, nisi ubi terminus
est collectivus, convenienter enim dicitur: turba ruunt, etc. Confirmatur

---

243 concederetur] conceditur quod P; conceduntur R | sibiipsi¹] sibi R | sibiipsi¹ idem
trp. P | sibiipsi²] sibi P; *om.* R   244 tunc *om.* BR   245 haec] hoc R   246 vera]
verum R | idem] eadem B; *om.* R | essentiae *om.* R | modis] etc. *add.* R   247 omnino]
omnibus modis BR | et ... modis *om.* BR | sibiipsi] sibi R   247-253 ista ... contra-
dictoria *om.* P   249 istae] et *add.* B | convertuntur] equivalent B   250 non est *trp.* R
251 ergo] et B   252 non est *trp.* R | conclusione] contra R   254 hiis] istis R; igitur
add. B | improprie] proprie R   255 supponant] suponunt B   257 ens] unum B |
autem *om.* BR   258 non] nec R | dicunt] tunc P | vel *om.* P; et R   259 similiter] sicut
R | sit] est B | concedenda] simpliciter, si terminum supponant personaliter *add.* P
260 verum] unum P | realiter] similiter *add.* B | si ... personaliter *om.* P   261 si *om.*
BR | isti termini] istis terminis R] supponant] suppositum B; supponentibus R   261-
262 personaliter *trp. p.* re P   262 quia *om.* B | aliter nihil *trp.* R | esset] est R |
propositum] similiter *add.* B   263 quia] et R | pro ... re *om.* B   265 suppositum] in
add. B | verbi ... ubi] ubi neuter R | terminus *om.* P   266 dicitur] debet R | ruunt]
ruent BP] etc. *om.* P

---

[17] William of Ockham, *Scriptum in librum primum Sententiarum: Ordinatio* 1.2.3, in
Opera theologica, ed. Stephanus Brown and Gedeon Gál, vol. 2 (St. Bonaventure, N.Y.,
1970), p. 91, lines 3-8.
[18] Ockham, *Ordinatio* 1.2.3, in *Opera theologica* 2: 92, lines 2-3.

quia aliter haec foret congrua, propria et vera: Marcus et Tullius sunt unus homo, consequens falsum. Si dicatur quod consimiliter loquitur Philosophus, 1 *Physicorum*, ubi concedit hanc: homo et musicus sunt
270 idem realiter, terminis a parte subiecti supponentibus pro eadem re,[19] et in multis aliis locis sic loquitur – si tamen tales propositiones accipiantur
P 202va improprie, possunt concedi, quia tunc accipiuntur // pro aliis, quia ista: ens et unum sunt una natura, accipitur pro ista: aliqua natura est una et illa eadem est ens, vel pro aliqua tali quae proprie accepta est vera.

275 Contra: si ipse improprie loquitur, ergo Philosophus, 1 *Topicorum*, et in multis aliis locis, loquitur improprie ex intentione ubi dicit quod aliqua sunt unum vel idem numero.[20] Ideo vide Ockham, super 1 *Sententiarum*, d. 6, ubi dicit quod si in ista propositione sit actus exercitus: Sortes et
B 191ra Sortes albus sunt aliqua, // est falsa; si tamen per eam intelligatur unus
280 actus signatus, est vera. Vide ibi, quod ad hoc quod idem pluralis numeri verificetur, sufficit quod ponantur plura a parte subiecti vel numerum computatum et quod copulativa sit vera. Sic est hic: Sortes et Sortes albus sunt aliquid.[21]

Opinio Iohannis et Guillelmi quod essentia et relatio distinguuntur
285 formaliter, probatur multipliciter: primo quia si essent formaliter idem, cuicumque communicaretur essentia, eidem communicaretur quaelibet relatio.[22]

Secundo quia illa non sunt idem formaliter in quorum uno aliqua conveniunt, in altero autem differunt.

---

267 propria] impropria B; *om.* P   268 consequens falsum *om.* P | si ... consimiliter] unde similiter BR   269 Philosophus *om.* BR | concedit hanc] dicit quod P   270 re *om.* B | in *om.* R   271 aliis *om.* P   272 accipiuntur] accipitur R | aliis] veris *add.* R   273 ista] ens est *add.* R; haec est *add.* B | est *om.* BR   274 eadem *om.* P | ens] una R | est²] ens *add.* B   275 ergo] quod R | in *om.* PR   276 aliis locis *trp.* P | locis *om.* R | loquitur improprie *trp.* R | ex intentione] in extensive B   277 numero] et *add.* BR | vide] videndum R | *Sententiarum*] dubium B   277-283 *Sententiarum ... aliquid*] d. 6 P   278 d. 6 *om.* BR | ubi dicit *om.* R | propositione *om.* B   279 Sortes *om.* B | tamen *om.* R | intelligatur] intellectam R   280 signatus] signata B | idem *om.* R   281 numerum] unum R   282 est hic *trp.* B | albus] asinus B   283 aliquid] aliquis R   284 Guillelmi *om.* R   285 multipliciter] multa P; mihi R | si *om.* R   286 essentia] essentiam B | communicaretur] communicaret B   288 quia *om.* BR | uno] unum B | aliqua *om.* P   289 conveniunt] convenit et B | altero] aliquo B; alio P | autem *om.* BR

---

[19] Aristotle, *Physica* 1.7.189b30-190a35.
[20] Aristotle, *Topica*, 1.7.103a6-39.
[21] William of Ockham, *Ordinatio* 1.6.unica, in *Opera theologica*, ed. Girardus I. Etzkorn, vol. 3 (St. Bonaventure, N.Y., 1977), pp. 88, line 25 - 89, line 8.
[22] John Duns Scotus, *Ordinatio* 1.2.2.1-4, in *Opera omnia* 2: 349, line 14 - 350, line 12.

290   Tertio quia de eodem formaliter non causantur contradictoria.

Quarto: duae relationes non sunt idem formaliter et tamen sunt idem identitate quia aliter componerentur cum essentia, ergo aliqua possunt esse idem identitate et tamen distingui formaliter.

Quinto quia Augustinus, *De Trinitate*: "non eo Pater quo Deus, sed
295   alio," [23] sed non alio realiter, // ergo alio formaliter. Non autem alio
R 147va   secundum rationem quia hoc repugnat illi, Augustinus dicit enim: "eo Pater quo sapientia," [24] et tamen Pater et sapientia differunt ratione, ergo talem distinctionem negat in priori.

inductive

Sed contra hanc opinionem est quod omnes istae rationes ita con-
300   cludunt quod distinguuntur realiter sicut formaliter, ut patet inductive mutando ly formaliter in argumentis.

Alii ponunt quod distinguuntur modaliter, alii quod realiter.[25] Sed contra hoc est quia ibi tunc foret vera compositio et aggregatio rerum in uno supposito, nisi forte ponatur error Porretani, qui damnatur *De summa*
305   *Trinitate et fide catholica*.[26]

Opinio Petri Aureoli est quod identitas est relatio fundata super unum. Unum autem dicit duo: indivisionem in se et divisionem ab alio, et haec

---

290 tertio] secundo B; *om.* R | non] mihi *add.* R   292 aliter] alias R | componerentur] componeret P; componerat R   293 tamen] non *add.* R | distingui] distinguuntur B   294 *De Trinitate om.* R | eo *om.* R   296 hoc] haec R | hoc repugnat] reprobat hoc B | illi *om.* BR | enim *om.* B   297 sapientia¹] sapiens BP | tamen] quia *add.* B | tamen Pater *trp.* R | sapientia²] sapiens BP   299 sed *om.* R | opinionem *om.* BR   300 ut *om.* R | patet] ibi *add.* B   301 mutando *om.* B   302 alii] aliqui BR | ponunt] anteponunt R   303 hoc] haec R | quia] quod R | ibi tunc *om.* BR | vera] una B | et *om.* BR   304 ponatur] ponitur R | qui] cuius causam B; causam modo R   305 *et ... catholica om.* BR   306 Petri] vero R | Aureoli] de Aureolis P; Aureolis R   307 autem *om.* BR

---

[23] Augustine uses a similar mode of speaking in *De Trinitate* 7.2 (ccl 50: 250, lines 6-11), and 7.6.11 (ccl 50: 262, lines 20-22).

[24] Augustine, *De Trinitate* 7.2 (ccl 50: 250, lines 9-11).

[25] The modal distinction is found in varying form in the works of Bonaventure and Henry of Ghent. See Bonaventure, *In quatuor libros Sententiarum* 1.26.unica.1, in *Opera omnia*, vol. 1 (Rome, 1882-1902), p. 453a, and ibid. 1.33.unica.2, in *Opera omnia* 1: 575b; Henry of Ghent, *Quodlibet* 10.7, *Quodlbeta* vol. 2 (Paris, 1518; repr. Louvain, 1961), fols. 417v-418r, Q-R. In an extensive investigation of the Trinitarian discussions of the late thirteenth and fourteenth centuries [Gelber, "Logic and the Trinity"], I found no evidence of anyone knowingly advocating a real distinction between the essence and the persons in God, although the real distinction was sometimes attributed without foundation to an adversary.

[26] Concilium Remense, 21 March 1148 [Henricus Denzinger and Adolfus Schonmetzer, *Enchiridion Symbolorum: Definitionum et declarationum de rebus fidei et morum*, 3rd ed. (Barcelona, 1965), p. 238, *745].

duo possunt ab invicem separari. Unde potest esse dupliciter unum,
videlicet unum quod habet utrumque istorum quia Sortes est indivisum in
310 se et divisum ab alio. Alio modo potest aliquid dici unum quia solum est
indivisum in se. Super primum unum, fundatur identitas indistinctionis
sive indivisionis relativae vel respectivae. Super secundum unum,
B 191rb fundatur identitas indivisionis absolutae. // Modo paternitas habet
propriam indivisionem absolutam, et filiatio aliam, et spiratio passiva
315 tertiam, et essentia etiam in se habet unam indivisionem absolutam, et sic
sunt quattuor indivisiones absolutae et quattuor identitates indivisionis
absolutae in eis fundatae. Sed tamen non est alia identitas sive unitas
indivisionis relativae relationis et essentiae, sed una, quia relatio non
distinguitur ab essentia sicut ab alia. Unde in divinis non est aliqua
320 distinctio relativa relationis et essentiae, et ideo in divinis est tantum una
distinctio relativa. Sic ergo vitatur contradictio quia contradictio est unius
et eiusdem, secundum omnem indivisionem absolutam. Quando ergo
dicitur: essentia est communicabilis, paternitas non est communicabilis,
non accipitur idem identitate indivisionis absolutae, nam sicut dictum est,
325 alia est identitas indivisionis absolutae essentiae et alia paternitatis. Haec
est via istius ad vitandum contradictionem in divinis.[27]

Alia est imaginatio Strelleiae,[28] circa quam sciendum est, quod quia in
divinis nihil est alteri inhaerens, sed totum est per se subsistens, ideo nihil
est ibi adiectivum, et per consequens omnis praedicatio adiectiva in divinis

---

308 esse dupliciter *trp.* B   309 videlicet unum *trp.* B; scilicet P | Sortes *om.* BR |
indivisum] divisum B   310 divisum] super primum *add.* B   311 indivisum] divisum
B   311-312 indistinctionis ... indivisionis] indivisionis sive individuationis B   312 vel
respectivae *om.* BR   313 indivisionis] indistinctionis R   314-315 passiva tertiam *trp.*
R   315 etiam] et B | indivisionem] divisionem R   316 et *om.* R   317 sive *om.* B;
sed tamen non est alia identitas P; sunt R | unitas] universaliter P   318 relatio] ratio R
319 ab² *om.* R | alia] aliam B | unde] vera R   320 et²] etiam R | tantum] tamen R
322 omnem] eum R | absolutam] sed *add.* BR | ergo *om.* BR   324 non] nisi R |
nam ... est] ipsius essentia non R   325 absolutae] ipsius R | paternitatis] paternitas R |
haec *om.* B   326 via] una B | in divinis *om.* P   327 Strelleiae] Strellis B; Stellis R |
quam] quod BR | est² *om.* R | quia *om.* R   328 alteri] aliter P | totum] unum R
329 ibi] ibidem R | adiectiva *trp. p.* divinis P; *om.* R

---

[27] Peter Aureole, *Scriptum super primum Sententiarum* 1.1.6.4, ed. Eligius M.
Buytaert, vol. 1 (St. Bonaventure, N.Y., 1953), p. 367, lines 116-124, and throughout
article 4, pp. 364-371.
[28] Heinrich Schepers, "Holkot contra dicta Crathorn," *Philosophisches Jahrbuch* 77
(1970), 354, identifies the Strellei referred to by Holcot (and the Stranley referred to by
Holcot's fellow Dominican Crathorn) with Arnoldus de Strelle OP, who appears in
documents from the years 1342 and 1346 as prior provincial of the Dominican order. See
A. B. Emden, "Dominican Confessors and Preachers licensed by Medieval English
Bishops," *Archivum Fratrum Praedicatorum* 32 (1962), 191, 197, for references to Strelle.

330 est impropria et sola praedicatio substantiva est ibi propria. Ideo oportet ibi semper per adiectivum intelligere substantivum. Secundo sciendum quod quaedam praedicata in divinis pertinent ad unitatem et quaedam ad divisionem. Illa ergo quae pertinent ad unitatem possunt signari vel P 202vb praedicari in neutro genere, haec enim est // vera, deitas est quid 335 communicabile, sed quae pertinent ad distinctionem personarum debent signari in masculino genere, Pater enim est generans distinctus a genito. Debet ergo contradictio vitari quia debet dici quod contradictio est unius et eiusdem secundum idem genus grammaticale. Unde de essentia verificatur communicabile solum in neutro genere, vel si in feminino, 340 tunc per femininum intelligitur neutrum, sicut in hac: essentia est communicabilis, sed incommunicabile est praedicatum pertinens ad divisionem, et ideo praedicatur solum in masculino de quibuscumque praedicatur, sive de essentia sive de supposito. Sed si praedicatur de B 191va essentia potest praedicari adiective, non autem // de suppositis, sic 345 dicendo: essentia est aliquis incommunicabilis, scilicet Pater vel Filius. Modo haec non contradicunt, scilicet Pater vel Filius. Modo haec non contradicunt: essentia est quid communicabile et essentia est aliquis incommunicabilis, sicut nec ista: essentia est communicata et non est communicatus.[29]

330 est impropria *trp.* B | et *om.* BR | sola] omnis B; autem *add.* R | substantiva] subiecta R | propria] proprie B; et *add.* R | ideo oportet *trp.* B   331 ibi *om.* BR | substantivum] subiectum R   332 et *om.* P   333 ergo *om.* R   334 praedicari] probari BR | enim *om.* R | enim est *trp.* B | vera *om.* P   335 debent] debet B 339 communicabile] grammaticale B | in feminino] per femininum BP   340 in hac] hic P | est *om.* BR   341 incommunicabile] incommunicabilis BP | praedicatum] Patrem R   342 praedicatur solum *trp.* BR | quibuscumque] quocumque R   343 de essentia *om.* BP   344 suppositis] subiectis R | sic *om.* P   346 haec non *om.* B 347 communicabile] communicabilis R   348 incommunicabilis] communicabilis R | sicut] secundum B; sed P | communicata] communicabilis *add.* B

[29] Strellei's opinion corresponds to one advocated at length in the *Centiloquium theologicum* 58; Philotheus Boehner, "The *Centiloquium* Attributed to Ockham," *Franciscan Studies* 2 (1942), 273-274. If Schepers' identification of Strellei with the Dominican Prior Provincial Arnoldus de Strelle is correct (see p. 45, note 28 above), then the *Centiloquium theologicum* should be added to the works of Holcot and Crathorn when assessing the activities of English Dominican scholars during the 1330s. Philotheus Boehner, "The Medieval Crisis of Logic and the Author of the *Centiloquium* Attributed to Ockham," in *Collected Articles on Ockham*, Fransciscan Institute Publications, Philosophy Series no. 12 (St. Bonaventure, N.Y., 1958), p. 372, pointed out a number of parallels between the *Centiloquium* and Holcot's works, leading A. B. Emden, *A Biographical Register of the University of Oxford to A.D. 1500* (Oxford, 1957-1959), 2: 946-947, to attribute the work to Holcot. But since Holcot firmly rejects the position advocated in the *Centiloquium*, that attribution should be rejected.

350 Sed nec secundum istum modum nec secundum alium vitaretur contradictio, si poneretur quod essentia esset omnibus modis idem relationi. Ideo
ex ista non-omnimoda-identitate vitatur contradictio in divinis. Ad hanc
R 147vb // autem non-identitatem salvandam via non patet.

Opinio Guillelmi, libro primo, d. 2, q. 11, est quod inter naturam et
355 suppositum in Deo, puta paternitatem et essentiam, est aliquis modus non-
identitatis, "et quod potest dici, secundum bonum intellectum, quod
distinguuntur formaliter, quamvis non realiter." [30] Qualis, autem, est
distinctio formalis, ipse explanat eadem quaestione ad secundum
argumentum secundi dubii, et sic dicit: "distinctio formalis non est
360 formarum, sed aliquorum quorum unum non est formaliter reliquum,
hoc est, de quorum uno vere dicitur quod est aliqua res absoluta vel
respectiva et de reliquo vere dicitur quod non est illa res, sicut essentia
vere est Filius, et tamen Pater non est Filius." [31] Unde ista determinatio
"formaliter" est quaedam syncategorema; dicitur etiam ibidem quod
365 distinctio praesupponit identitatem realem distinctorum formaliter. [32]

Item dicitur quaestione prima, in opinione propria, ubi reprobat
Iohannem de distinctione formali inter attributa Dei, quod nulla talis
distinctio est ponenda nisi praecise propter dicta in Sacra Scriptura. Ex
Scriptura autem Sacra sequitur evidenter quod essentia non est formaliter
370 relatio, quia "distingui formaliter" non est aliud, secundum eum quam
ipse intelligit distinctionem formalem, nisi quod unum illorum est aliqua
res absoluta vel respectiva et alterum non est ista res, sicut essentia est
Filius et Pater non est Filius, et ideo essentia et Pater distinguuntur
formaliter, et tamen sunt una res quia essentia est Pater. [33]

---

352 identitate] praecise *add.* R | in divinis *om.* P   353 non-identitatem] non-
identitate B | via] viam B   354 Guillelmi] vel Iohannis *add.* R | libro primo *om.* R | 2]
3 B | 11] 41 B; 14 P | est *om.* PR   356 intellectum] intellectu R   356-357 quod
distinguuntur *trp.* R   357 distinguuntur] est distinctio B; tam *add.* P | quamvis] quam P
| qualis] quarum B; substantialis R   359 dicit] quod *add.* B | distinctio] demonstratio R
    360 formarum] formalis R | sed] est *add.* B   361-362 quod ... dicitur *om.* R
362 et *om.* B | reliquo] aliquo B | sicut] sed R   363 vere] naturae BP | tamen]
terminum R | determinatio] distinctio P   364 formaliter est *trp.* P | quaedam] quod R |
etiam] et B   365 distinctio] formalis *add.* R   366 dicitur] debet R | in *om.* R |
opinione] positione BP | reprobat] probat R   367 Dei] dicit BP   368 praecise *om.* B |
dicta ... Scriptura] Scripturae Sacrae dicta R   369 est *om.* R | formaliter] formalis B
370 non est aliud *trp. p.* eum P   372 sicut] sed B   373 et² *om.* R | et Pater *om.* R

---

[30] Ockham, *Ordinatio* 1.2.11, in *Opera theologica* 2: 364, lines 9-10.
[31] Ibid., 2: 371, lines 5-10.
[32] Ibid., 2: 272, line 5.
[33] Ibid., 1.2.1, in *Opera theologica* 2: 18, line 14 - 19, line 15.

375   Contra istum modum // dicendi, probo primo quod ista sententia est
B 191vb impropria, secundo quod includit repugnantiam, tertio quod est ficta et
frustra.

Probo primo sic, quia quando dicitur ista distinguuntur formaliter, vel
per subiectum istius propositionis demonstratur una res vel plures res. Si
380 tantum una, oratio est impropria si ponatur plurale pro singulari, debet
enim dici ista res distinguitur formaliter a seipsa. Unde sicut haec est
impropria et incongrua: iste currit demonstratis tribus hominibus, ita est
P 203vb haec incongrua: isti currunt demonstrato uno homine. // Similiter, nam
demonstrato solo Sorte, haec est incongrua: iste distinguitur, ergo a pari,
385 demonstrata essentia, ista est incongrua: ista distinguitur.

Praeterea, tu dicis quod adverbium hoc "formaliter" est dictio syncate-
gorematica non determinans rem sed propositionem, sicut haec dictio
"necessario" in hac propositione: homo necessario non est asinus.[34]

Secundum probo sic: "distinctio formalis non est distinctio formarum,
390 sed est distinctio aliquorum quorum unum non est formaliter reliquum."[35] Ex isto arguitur quod distinctio formalis est distinctio aliquorum, ergo est distinctio aliquarum rerum. Similiter si est ibi unum et
reliquum, ergo sunt ibi duo, ergo duae res. Ergo paternitas et essentia sunt
duae res vel est impropria locutio.

395   Praeterea ipse accipit hanc propositionem: "quandocumque aliqua sunt
idem omnibus modis ex natura rei, quicquid competit uni competit alteri,
nisi aliquis modus grammaticalis vel logicalis impediat."[36] Ista autem

---

375 istum] tamen B; ista P | modum dicendi *om*. P   376 includit] includunt B |
repugnantiam] repugnantia B; repugna R | ficta *om*. B | et *om*. B; vel R   378 probo *om*.
BR | quia ... dicitur] quaero dictio B; quaero sic dicendo R | ista *om*. R | distinguuntur]
dicuntur B   379 res¹] ratio R | res² *om*. P   380 tantum *om*. BR | oratio] propositio
BR | impropria] incongrua BR | si] quia R | ponatur] ponitur R   381 res *om*. BR
382 impropria et *om*. BR   382-383 est haec *trp*. B   383 uno *om*. P | homine] Sorte
praecise P; currente R | similiter] igitur B; contra praedictam potest argui P   383-
384 nam ... Sorte *om*. R   384 iste] ista BR | a pari *om*. R   385 ista¹ ... distinguitur
om. R   386 hoc] istud B; *om*. R | dictio] est dictio *add*. R   386-387 syncategore-
matica] syncategorema B   388 necessario¹] medio R | non ... asinus] est albus R
389 probo] probatur R   390 non est *om*. R   391 arguitur] arguo B | quod] sic B; *om*.
R   391-392 aliquorum ... distinctio *om*. R   392 similiter] sicut R | est ibi *trp*. R
393 paternitas] Pater R   394 vel] sequitur quod *add*. P   395 quandocumque]
consequenter B | aliqua sunt *trp*. R   396 rei] et B   397 grammaticalis] grammati-
caliter B | logicalis] logicaliter B

---

[34] Ibid., 1.2.11, in *Opera theologica* 2: 375, line 18 - 376, line 1.
[35] See p. 47, note 31 above.
[36] Ockham, *Ordinatio* 1.2.11, in *Opera theologica* 2: 364, lines 10-13.

propositio includit contradictionem: primo quia impossibile est quod
aliqua sint idem omnibus modis et contradictionem includit; secundo quia
400 contradictionem includit omne quod competit uni posset competere alicui
alteri a se, quia si hoc est unum et illud alterum, necessario aliquid
competit uni quod non competeret alteri; tertio quia si essentia sit non
eadem formaliter, quaero cui, aut sibi aut alteri. Si alteri, certum est quod
omne aliud ab essentia est creatura. Si sibi, ergo essentia est non eadem
405 formaliter sibiipsi.

    Tertio, quod frustra fingitur iste modus loquendi in materia ista, quia
non dilucidat nec contradictionem vitat // nec plus iuvat quam communis
modus dicendi, nam omnis Catholicus concedit quod aliquid praedicatur
de essentia quod non praedicatur // de Patre, et hic est difficultas, //
410 quomodo hoc potest esse. Ipse autem dicit pro causa quia essentia non est
Pater formaliter, hoc est, dictum aliquid praedicatur de essentia quod non
praedicatur de Patre. Ecce quod idem assignatur pro causa sui ipsius, et
nihil aliud est nisi circulatio in terminis diversis secundum vocem.

    Praeterea nulla ratio est quare essentia distinguitur a paternitate
415 formaliter quam complexionaliter vel orationaliter. Possum enim fingere,
si volo, quod essentia distinguitur a Patre complexionaliter quia aliquod
complexum est verum ubi "essentia" est subiectum, et si dematur
"essentia" et ponatur ibi subiectum "Pater," omnibus aliis partibus
retentis, complexum resultans erit falsum, sicut patet quod haec est falsa:
420 Pater est Filius. Ideo Pater distinguitur ab essentia complexionaliter vel
orationaliter vel propositionaliter vel praedicabiliter vel subiectibiliter, et
sic de mille aliis fictionibus dici posset. //

    Propter quod dico omissis istis quod nescimus scientifice defendere
quod articuli quos credimus non includunt contradictionem, quaelibet
425 enim via adhuc inventa magis intricat quam declarat, et ideo dicendum est
quod credimus eos fore possibiles veros et compossibiles quia sanctis

B 192ra
P 204ra
R 148ra
B 193vb

fingitur

scientifice

399-400 secundo ... includit *om*. B; quod R   400 posset *om*. P | alicui *om*. P
401 et] est idem R   402 competeret] competit B; *om*. P | sit non] est non B; non est R
    403 eadem] idem P | aut[1]] autem cuius R | aut[2]] vel R | si alteri *om*. BR
404 creatura] causa R | sibi] sic BR | est non *trp*. B   405 sibiipsi *om*. BR   406 tertio]
quarto B; patet *add*. R | quod *om*. B; distinctio *add*. R   407 iuvat] invitat R |
communis] quicumque B; quiscumque R   408 dicendi] alius BR   409 hic] haec B
410 quomodo] quando B | pro] quod B   411 dictum] dictu P   413 aliud *om*. P | est
om. R   414 quare] quarum B   414-415 a ... formaliter] formalium a paternitate B;
formaliter a patre R   416 quia] quando R   418 ibi *om*. BP   419 erit] est R
421 propositionaliter] proportionaliter R | subiectibiliter] subiectirenter B | et] vel R
422 posset] etc. sequitur *add*. B   423 scientifice] scienti se R   424 quaelibet] quilibet
R   425 adhuc] ad hoc B | inventa] adinventa R | intricat] incertat R | est *om*. R
426 fore] forma B | sanctis] sanctibus P

R 149ra

patribus sunt revelati, et per miracula facta ad monitionem eorum qui talia docuerunt sunt facti nobis credibiles, et non per rationem naturalem. //

Tertio ad formam quaestionis dico quod haec est concedenda: Deus est
430 Pater et Filius et Spiritus Sanctus, quia haec est ab ecclesia approbata sicut articulus fidei, sive sit copulativa sive de copulato extremo. Unde Augustinus, *De fide ad Petrum*, c. 1: "Fides quam sancti patriarchae atque prophetae ante incarnationem Filii Dei divinitus quam etiam sancti apostoli a domino ipso in carne posito audierunt, et spiritus sancti
435 magisterio instructi non solum sermone praedicaverunt, verum etiam ad instructionem saluberrimam posteriorum scriptis in dictis reliquerunt. Unum Deum praedicant Trinitatem, id est Patrem et Filium et Spiritum

B 194ra Sanctum." [37] Et infra // c. 36: "Firmissime tene et nullatenus dubites Patrem et Filium et Spiritum Sanctum unum esse naturaliter Deum in
440 cuius nomine baptizati sumus." [38] Idem *De ecclesiasticis dogmatibus*, c. 1, in principio: "Credimus unum Deum esse Patrem et Filium et Spiritum Sanctum." [39]

Ad rationem in oppositum, concedo maiorem, videlicet hanc: quando aliquod praedicabile negatur a quolibet supposito alicuius praedicabilis de
445 multis suppositis, ipsum negatur ab illo praedicabili quando supponit personaliter. Nam tali praedicabili supponenti simpliciter vel materialiter, bene potest convenire aliquod praedicabile tale, sicut hoc praedicabile "species" vere negatur a quolibet supposito hominis, et tamen huic praedicabili quod est "homo" vere competit quando supponit simpliciter
450 vel materialiter, nam utroque modo haec est vera: homo est species.

---

427 patribus] pluribus B | sunt] sun R | facta ad monitionem] factura adinventionem R   428 naturalem] unde omissis etc. *add.* B   429 tertio] dico *add.* B | formam *om.* BP | quaestionis] quaestionem P | dico *om.* B | quod *om.* R   430 et[1] *om.* P | haec est] habetur R | approbata] determinata R   432 *De fide om.* R | 1] 2 BPR   433 divinitus] dei intus R | etiam *om.* B; vel R   434 ipso] nostro R | carne] cruce R | sancti *om.* B   435 praedicaverunt verum] praedicatum Christo R | etiam] etc. B; *om.* P   436 instructionem saluberrimam] structionem salubrissimam B | in dictis *om.* P; indita R   437 praedicant] praedicat BR   438 infra] et infra *add.* B   439 et[1] *om.* P   441 in *om.* PR | principio *om.* P   443 oppositum] etiam *add.* R   444 negatur] negativum B | a] de PB | supposito *trp. p.* praedicabilis R   445 ipsum] etiam *add.* R | negatur] et *add.* R   446 supponenti] suppositi R | simpliciter] personaliter *add.* R   448 vere] universale R | a] de B | a ... supposito] aliquod subiecto R | huic] hoc BR   449 praedicabili] praedicabile B | est *om.* B | vere *om.* B

---

[37] Pseudo-Augustine, *De fide ad Petrum* 1.2.4 (PL 40: 753).
[38] Ibid., 1.36 (PL 40: 776).
[39] Gennadius, *De ecclesiasticis dogmatibus* 1 (PL 42: 1213).

Et quando accipitur in minori quod istud praedicabile copulatum: "Pater et Filius et Spiritus Sanctus," vere negatur a quolibet supposito istius termini "Deus," potest dici negando. Nam demonstrata essentia divina, haec est vera: hoc est Pater et Filius et Spiritus Sanctus, licet hoc praedicatum vere negetur a quolibet supposito relativo.

Aliter potest dici modo theologico quia maior capit instantiam in Deo qui est una res et tamen tres res, licet sit una in creaturis.

451 copulatum] totum R   452 et¹ *om.* P   454 divina *om.* BP | et¹ *om.* P 455 praedicatum] primum B | relativo] relatibus (?) B   456 potest dici *om.* PR | modo ... quia] et magis theologice quod P   457 creaturis] creatura, etc. Est finis secundae quaestionis. B; *fragmentum de quaestione* "Utrum theologia sit scientia" *add.* P

Robert Holcot

Utrum perfectiones attributales essentiales in divinis distincte praecedant omnem operationem intellectus

B Oxford, Balliol College, MS 246, ff. 194ra-195va.

P Cambridge, Pembroke College, MS 236, fol. 214va-215rb.

R London, British Library, Royal MS 10.C.VI, ff. 146rb-147ra.

UTRUM PERFECTIONES ATTRIBUTALES ESSENTIALES IN DIVINIS DISTINCTE
PRAECEDANT OMNEM OPERATIONEM INTELLECTUS

Consequenter quaerebatur una quaestio de Deo: quatenus convenit cum
creaturis, et fuit quaestio de attributis mota sub hec forma:

5 Utrum perfectiones attributales essentiales in divinis distincte praecedant omnem operationem intellectus. Quod sic, quia sicut vana est ratio
cui nulla res correspondet, ita vana est distinctio pluralitatum rationis cui
non correspondet pluralitas realis. Sed distinctio perfectionum attributalium non est vana, ergo sibi correspondet aliqua distinctio realis in Deo.

10 Sed // distinctio perfectionum attributalium non causatur ab intellectu,
P 214vb ergo praecedit omnem operationem intellectus.

B 194rb Ad oppositum: // in divinis nulla est distinctio realis nisi personarum,
ergo etc.

Circa istam quaestionem tria volo facere: primo enim exponam titulum
15 quaestionis, secundo ponam quasdam distinctiones, tertio inferam
quasdam conclusiones.

Circa primum dico quod per istum terminum complexum: "perfectiones attributales essentiales," intelligo idem quod per istum: "attributa
significantia perfectiones praedicabilia de terminis significantibus divinam
20 essentiam." Per "distincte praecedere omnem operationem intellectus,"
intelligo idem quod per hunc terminum complexum: "esse distincta ante
omnem operationem intellectus." Sic ergo intelligo titulum quaestionis:
utrum attributa sint in Deo distincta ante omnem operationem intellectus.

Quia vero titulus iste implicat attributa esse in Deo, ideo secundo
25 ponam quandam communem distinctionem quae est Damasceni in *Logica*

3-4 consequenter ... forma *om.* BP   5 essentiales *om.* P   5-6 praecedant]
praedicentur ante B | quia] probatur B; *om.* R   7 ita] ista R | distinctio pluralitatum]
dicto R   8 non] nulla B   10 distinctio ... attributalium] illa BR   11 omnem]
aliquam B   12 oppositum] sic *add.* B   13 etc. *om.* P   14 enim *om.* BR
17 primum ... quod *om.* R | istum] istud P | terminum *om.* P | complexum] connexum R
18 essentiales *om.* P | istum] istud P   20 per] pro R | praecedere] procedere R
20-21 praecedere ... distincta *om.* B   21 hunc terminum] istud P | complexum]
connexum R   23 sint] sunt B   24 quia] quare B | vero] autem P   25 ponam] pono
BR

sua,[1] et est ista: esse in aliquo vel inesse alicui potest intelligi dupliciter: vel
per realem existentiam sicut pars est in toto vel forma in subiecto vel calor
in igne. Alio modo logice dicitur aliquid esse in alio per praedicationem,
quemadmodum dicimus quod praedicatum est in subiecto.

30   Secunda distinctio est consimilis de attributione quia dupliciter potest
intelligi aliquid attribui Deo: vel realiter vel per praedicationem. Primo

R 146va modo impossibile est Deo aliquid // attribuere quia sic Deus necessario
mutaretur. Secundo modo possibile est, unde hoc nomen "attributum" est
nomen secundae intentionis supponens pro nominibus vel conceptibus

35 quibus utimur tam de creaturis quam de Deo. Et dicuntur talia nomina
attributa Deo quia primo ea dicimus de creaturis et postea credimus ea
praedicabilia de Deo quando non arguunt creaturam esse imperfectam de
qua praedicantur, sicut "potentia," "sapientia," "iustitia," et huiusmodi.

Visis praedictis distinctionibus et intellectu tituli, infero aliquas con-

40 clusiones quarum prima est ista: nullum attributum est in Deo realiter

B 194va et primo modo essendi. Haec patet quia vel illud est Deus vel // aliud a
Deo. Si est Deus, non est in Deo quia nihil est in seipso. Si est aliud a Deo,
ergo est creatura, sed nulla creatura est in Deo quia nihil in Deo praeter
Deum, igitur etc. Et propter eandem causam sunt omnes tales falsae: ali-

45 qua realitas est in Deo, perfectiones creaturarum sunt in Deo, creaturae
sunt in Deo, et huiusmodi, sicut istae: perfectiones attributales vel rationes
attributales sunt in Deo, formalitates sunt in Deo, modi reales sunt in Deo,
et huiusmodi.

---

26 ista] ita B | intelligi dupliciter *trp*. BR   27 vel[2]] ut P; et R   28 dicitur] dicit B |
esse] inesse BP | in alio *om*. BP   29 dicimus *om*. R | est] inest PR | in *om*. P
30 quia] aliquid *add*. BR | dupliciter potest *trp*. BR   31 aliquid *om*. BR | per]
secundum R   32 impossibile est *trp*. BR | Deo aliquid *trp*. B | attribuere] attribui B
33 possibile est *trp*. BR | hoc nomen *trp*. R   34 pro] per R | nominibus] nobis R
35 creaturis] creatura R   37 arguunt] arguerit B | creaturam *om*. B   38 praedican-
tur] ponuntur B | sicut] sunt *add*. BP | potentia *trp*. *p*. iustitia BR   40 quarum *om*. BR |
prima] conclusio *add*. B | ista] haec P   41 essendi] in *add*. P | haec] hoc BP | vel[1] *om*. R
| illud] idem B   42 est[1] *om*. P | si est[2]] sed R   43 creatura[1]] causa R | sed] igitur B; et
R | creatura[2]] causa R   43-44 quia ... et] igitur B | quia ... deum *om*. R   44 et *om*. R
| causam] rationem BR | tales falsae *trp*. R   45 creaturae] creatura B; creatae R
46 sicut] similiter BR | perfectiones ... vel *om*. BR   47 sunt[2] *om*. R | modi *om*. R
48 et huiusmodi *om*. BR

---

[1] Holcot is probably referring to John of Damascus, *Dialectica* 22, trans. Robert
Grosseteste, ed. Owen A. Colligan, Franciscan Institute Publications, text series 6 (St.
Bonaventure, N.Y., 1953), p. 21, but the distinction between logical and ontological forms
of expression is not explicitly stated there. Cp. William of Ockham, *Scriptum in librum
primum Sententiarum: Ordinatio* 1.2.3, in *Opera theologica*, ed. Stephanus Brown and
Gedeon Gál, vol. 2 (St. Bonaventure, N.Y., 1970), p. 90, lines 19-21.

Secunda conclusio est ista: nullum attributum est perfectio simpliciter.
50 Haec patet quia nulla vox vel conceptus est perfectio simpliciter.

Contra: sapientia est perfectio simpliciter, sapientia est attributum, ergo aliquod attributum est perfectio simpliciter. Praeterea, haec est vera: sapientia est attributum, non autem sapientia creata, ergo increata. Similiter: omnis sapientia est creata vel increata, sapientia est attributum,
55 ergo aliquod attributum est sapientia creata vel increata; sed nulla sapientia increata est attributum, quia si sic, Deus foret attributum, consequens falsum. Dico quod ista: sapientia creata est attributum, est falsa terminis supponentibus personaliter. Si tamen terminus supponat simpliciter vel materialiter, vera est. Unde in istis formis et consimilibus,
60 si formae sint bonae, oportet quod li sapientia habeat eandem
P 215ra suppositionem // in utraque praemissarum, et tunc altera illarum erit falsa. Et si <in> una supponat personaliter et in alia materialiter, consequentia non valet.

Tertia conclusio est ista: nullum attributum est essentia divina vel in
65 essentia divina vel idem essentiae divinae. Patet ex praemissis, tum quia omne attributum est vox vel conceptus, tum quia tunc essentia divina foret attributum sui ipsius, etc.

Quarta conclusio est ista: attributa non distinguuntur in Deo, nec secundum rem, nec realiter, nec formaliter, nec per connotata, quia non
70 sunt in Deo, ut ostensum est.

Quinta conclusio est ista: attributa distinguuntur realiter inter se, quia sive sunt voces sive conceptus sunt verae res cuius probatio est quia omne signum est res. Unde Augustinus *De doctrina christiana*, libro 1, c. 2: "Omne signum etiam res aliqua est; quod enim nulla res est, omnino nihil
75 est; non autem omnis res signum est,"[2] sed omnis vox // et omnis
B 194vb conceptus signum est, ergo etc.

---

49 est ista *om.* PR | simpliciter] similiter B   50 haec] hoc P   52 aliquod ... simpliciter] etc. R   53 autem *om.* BR   55-56 sed ... increata *om.* B | sed ... attributum *om.* R   56 attributum[1]] attributio B | si *om.* P | sic] sit R | Deus *om.* P   57 consequens ... quod] similiter et BR | creata *om.* P   58 tamen] talis *add.* B | supponat] supponit R   59-63 vera ... valet] sapientia quae est creata (causa R) est attributum BR   64 est ista *om.* P   64-65 vel ... divina[1] *om.* B | in ... essentiae] essens R   65 tum *om.* B   66 tunc *trp. p.* divina R   67 etc. *om.* BR   68 est ista *om.* P   69 nec[1] *om.* B | per] per *add.* B   70 ut *om.* P   71 est ista *om.* P; quod *add.* R   72 sive[1] *om.* B | sunt[1]] sint P | conceptus] concepto et B   73 unde] vera R   74 etiam] etc. B | est[2]] est *add.* R   74-75 nihil est] vel R   75 res] et *add.* BR   76 signum] quoddam *add.* P | ergo etc. *om.* P

---

[2] Augustine, *De doctrina christiana* 1.2 (CCL 32: 7, lines 12-14).

Sexta conclusio est quod aliqua attributa distinguuntur secundum rationem quia ista vocabula quae habent distinctas rationes exprimentes quid nominis distinguuntur secundum rationem, sed multa attributa sunt
80 huiusmodi, sicut intellectus, voluntas, sapientia, iustitia, et huiusmodi, igitur etc.

Septima conclusio est ista: aliqua attributa non distinguuntur secundum rationem et tamen distinguuntur realiter. Haec probatur sic: accipio aliqua duo attributa synonyma quae sic se habeant quod quidquid significatur vel
85 connotatur per unum, significetur eodem modo vel connotetur eodem modo per reliquum, sicut patet si unum attributum sit in Anglico et aliud in Latino vel in alio idiomate. Ista duo attributa distinguuntur realiter et tamen eadem est ratio exprimens quid nominis utriusque. Vel melius exemplum est de eodem attributo bis prolato ab eodem vel simul a
90 diversis; certum est quod ista duo sunt duae res et tamen non distinguuntur ratione, igitur.

Octava conclusio est quod attributa non fuerunt distincta ante omnem operationem intellectus. Haec patet quia nulla vox significativa nec aliquis conceptus praecessit omnem operationem intellectus.
95 Nona conclusio. Contingit dare duo attributa distincta realiter sine operatione intellectus creati. Haec patet quia possibile est aliquem formare vocem sine operatione intellectus ex sola imaginatione, si tamen
R 146vb intellectus // sit alia res ab imaginatione in homine. Sed esto quod scribantur in libro duo attributa vel proferantur, tunc distinguuntur
100 realiter et non per operationem intellectus, ergo etc.

Decima conclusio est quod omnia distincta aliquo modo ab invicem distinguuntur realiter. Haec videtur mihi satis manifesta quia omnia distincta aliquo modo ab invicem sunt res distinctae aliquo modo ab
B 195ra invicem quia ista dictio pluralis numeri // et neutri generis substantiati:

---

77 est quod *om.* P; est ista quod R   79 quid nominis *om.* B   80 huiusmodi[1]] et R |
intellectus] et *add.* B   80-81 sicut ... etc. *om.* R   81 igitur etc. *om.* B   82 est ista *om.*
P | ista] haec B   83 distinguuntur] distinguitur R | haec] hoc BR   84 duo *om.* B |
quidquid] quicquid R   84-85 vel connotatur *om.* P   85 significetur ... modo]
significatur B   85-86 eodem[1] ... reliquum] per reliquum et eodem modo P
85 connotetur] connotatur B   86 attributum *om.* P | Anglico] Graeco BR   87 vel ...
idiomate] tunc P | realiter *om.* P   88 tamen *om.* P | est ratio *trp.* R   90-91 non
distinguuntur] distinguitur R   91 igitur *om.* B   92 est quod *om.* P | omnem *om.* R
93 haec] hoc B   94 praecessit] percepit R   95 conclusio] est quod *add.* BR |
contingit] concedit B; convenit R   96 creati] causati B | haec] hoc B | aliquem formare]
aliquam formari R   97 vocem] vocum B   97-98 si ... imaginatione *om.* BP
98 esto quod] ex quo R   99 libro] tuo *add.* R   100 et] tamen *add.* BR | ergo etc. *om.*
BR   101 est quod *om.* P   102 distinguuntur realiter] sunt res distinctae aliquo modo
ab invicem P | distinguuntur] distinguitur R   103 sunt] distinguuntur realiter B
104 substantiati] sustentificati B; substantivi R

105 "omnia," aequivalet istam, secundum grammaticos: "omnes res." Et manifestum est quod haec est vera: omnes res distinctae aliquo modo ab invicem distinguuntur. Praeterea, si sint aliqua distincta aliquo modo ab invicem, quaero aut sunt una res aut non. Si non, ergo una res est aliquo modo distincta ab alia, et habetur propositum. Si sic, ergo una res est
110 aliquo modo distincta a se, et per consequens aliquo modo non eadem sibi, et una res est alia res a se, quod non est intelligibile.

Undecima conclusio est ista: omnis distinctio est distinctio realis, non intelligendo quod distinctio sit aliqua res praeter ipsa quae distinguuntur quasi duae res distinguerentur per tertiam rem, quia hoc non est
115 intelligibile quod una res distinguat aliquam tertiam rem, quia sicut omnis res est una per essentiam, sicut dicitur 4 *Metaphysicae*,[3] ita omnis res est distincta ab alia per essentiam, sicut dico quod omnis distinctio est realis quia omnia distincta sunt plures res, sicut patuit in conclusione praecedenti. Unde nihil aliud est dictu: "distinctio est inter ista," quam
120 dicere: "ista sunt distincta," // secundum quod ista propositio est vera et
P 215rb admissa a doctoribus: distinctio est inter ista. Omnis enim terminus supponens respectu huius verbi "est" denotat se supponere pro aliqua re vel pro aliquibus rebus nisi forte sit nomen collectivum vel importans. Unde cum hoc nomen "distinctio" non sit nomen collectivum quia haec
125 est falsa: haec sunt distinctio quibuscumque demonstratis, ideo proprie loquendo in hac propositione: distinctio est inter ista, iste terminus "distinctio" denotat se supponere pro una re media inter ista, et cum nulla talis sit ponenda, propositio est falsa de virtute sermonis. Similiter omnes tales: diversitas est inter ista, comparatio est inter ista. Admittuntur tamen

---

105 aequivalet istam] aequivalent B | grammaticos] Graecos R   106 omnes ... distinctae] distincta B   106-107 omnes ... distinguuntur] ergo etc. R | ab invicem] ad invicem *add*. B   107 aliqua *om*. P   108 invicem] etc. *add*. R | aut] vel PR | non²] habetur propositum si sic *add*. P   108-109 ergo ... et *om*. BR   110 modo² *om*. P   111 et] igitur est B | est¹] et BP | res² *om*. P | quod ... intelligibile *om*. P   112 est ista *om*. P | distinctio² *om*. R | non *om*. B   113 quod distinctio] quoddam R | sit] est B | distinguuntur] distinguitur R   114 distinguerentur] distinguitur B | rem ... hoc] quod B | hoc] haec R   115 quod ... rem *om*. P | aliquam] aliam R   116 sicut] ut B | res² *om*. R   116-117 est distincta *trp*. R   117 per essentiam] quia R   118 distincta] sunt una distincta res B | res *om*. B | sicut] sunt B | patuit *om*. P   120 ista² *om*.   121 a *om*. B | distinctio ... ista *om*. P   123 nisi] si BR   123-124 vel ... collectivum *om*. P   125 haec] ista BR | quibuscumque demonstratis *trp*. B   126 hac] ista B   127 ista] illa P   128 sit] sic R | ponenda] posita B; ponatur R   129 diversitas] distinctio B | admittuntur] improprie *add*. B

---

[3] Aristotle. *Metaphysica* 4.2.1003a33-1003b34.

130 improprie secundum quod accipiuntur pro aliis, puta pro istis: ista sunt
B 195rb diversa,[4] // ista sunt comparata, et huiusmodi.

Ex hac conclusione patet quod non est bene dictum quod aliqua est
distinctio media quae nec est distinctio realis nec distinctio rationis, puta
distinctio intentionis secundum Gandavensum,[5] vel distinctio formalis
135 secundum Guillelmum, [1], d. 2, q. 11, in solutione ad secundum dubium,
ubi dicit quod quando distinguuntur aliqua ratione, illa distinctio nec est
realis, nec distinctio rationis ubi videtur imaginari quod ratio non sit res,
et ideo distinctio inter rem et rationem non est distinctio realis.[6]

Sed contra hoc est istud verbum notissimum quod dicit Augustinus:
140 "Quod nulla res est, omnino nihil est." [7] Distinctio etiam et diversitas
tantum sunt inter entia, 10 *Metaphysicae*.[8] Praeterea, quod est causatum a
re est vera res, sed ratio est causata ab anima, ergo est vera res. Praeterea,
omnis qualitas est vera res, omnis ratio est qualitas quia est in anima
subiective sicut ad praesens suppono, ergo etc.

145 Duodecima conclusio est ista: quaelibet talis est falsa: essentia divina et
bonitas divina sunt una res, quia duo termini singularis numeri numquam
vere supponunt respectu verbi pluralis numeri nisi stent pro diversis, sicut
cum dicimus Iohannes et Guillelmus currunt. Unde per hanc: essentia
divina et bonitas divina sunt una res, si debeat accipi ut congrua,

---

130-131 ista ... diversa] quid est cognitio Dei vel creaturae in Verbo nisi quod Verbum
crearet unam notitiam qua ipsemet Deus clare videtur quam notitiam nulla causare posset
creatura B   131 huiusmodi] caetera R   133 distinctio[3] *om.* R   134 intentionis]
mentalis B; intelligibilis P   135 2] vel 1 *add.* BP; vel 9 *add.* R   136 quod *om.* R |
distinguuntur] distinguitur BR | aliqua] a B   137 distinctio *om.* PR | videtur] dicitur B
138 ideo *om.* R | distinctio[2] *om.* BR   139 istud ... notissimum] istum verum notum
R | Augustinus] conclusio *add.* R   140 quod] quorum B | etiam] autem B; *om.* R
141 tantum] semper B   142 vera[1]] una B | sed *om.* BR | ab anima] a re R | est ... res[2]]
etc. R | vera[2]] una B   143 vera] una B | est[2]] vera *add.* R   144 sicut ... etc.] ut
supposito R | etc. *om.* B   145 ista] quod *add.* B; haec P; quae R | quaelibet] quilibet R
146 termini] recti BP   147 vere *om.* B | vere ... verbi] supponit verbo R | respectu]
pro B   148 cum *om.* BR | per] pro R | hanc] hac R

---

[4] Oxford, Balliol College MS 246, fol. 195ra, has a scrap of text interpolated at this
point. There is another interpolation at the end of the question, on page 55, line 199. Both
these pieces of text can also be found in London, British Library, Royal MS 10.C.VI,
fol. 151va, beginning ten lines from the bottom of the column, run together
consecutively.
[5] Henry of Ghent, *Quodlibet* 10.7, *Quodlibeta* vol. 2 (Paris, 1518; repr. Louvain, 1961),
fols. 417v-418r, Q-R.
[6] Ockham, *Ordinatio* 1.2.11, in *Opera theologica* 2: 370, line 18 - 371, line 3.
[7] See p. 57, note 2, above.
[8] Aristotle, *Metaphysica* 1.4.1054b18-22.

150   denotatur // virtute copulationis cum dicitur: "essentia divina et bonitas
R 147ra divina" cum verbo pluralis numeri, quod essentia et bonitas stent pro
diversis rebus, alioquin possem dicere quod sol et Phoebus sunt una res,
Marcus et Tullius sunt unus homo, quod non est verum nec proprie
dictum, ideo etc.

155   Ad rationes in oppositum, dico ad propositiones singillatim. Primo,
quando accipitur quod vana est pluralitas rationis cui nulla correspondet
pluralitas realis, sit ita. Ultra quando arguitur, ergo pluralitati attributo-
B 195va rum // correspondet aliqua distinctio realis, concedo, quia multorum
nominum, conceptuum vel signorum. Et quando concluditur: ergo ista
160 distinctio est in Deo, nego consequentiam, quia ista distincta sunt
creaturae et signa quae non sunt in Deo nisi per praedicationem, sicut
superius dictum est.[9]

---

150 denotatur] cum *add.* B; denotat P; et tamen *add.* R   150-151 copulationis ...
verbo *om.* B; verbi P   152 possem] posse B; possum R | quod *om.* BR   154 ideo etc.
om. BR   156 rationis *om.* P | nulla] non R   157 sit] sed B | ita ultra] ista ultima R
158 quia] quod B   159 nominum] vel *add.* BR | ista] illa P   160 distinctio]
demonstratio R | ista] illa P   161 creaturae] causae B   162 superius] in conclusione
BR | est] Potest dici aliter quod non proprie dicitur "scio rem" nec "dubito rem." Similiter
nec proprie dicitur " < scio > complexum vel propositionem" nec "dubito propositionem," sed debet dici "scio sic esse in re sicut denotatur per propositionem" vel "dubito an
sit sic in re sicut propositio denotat." *add.* B

---

[9] London, British Library, Royal MS 10.C.VI continues with a portion of text that
belongs in the question "Utrum haec sit concedenda: Deus est Pater et Filius et Spiritus
Sanctus." See p. 39, note 15 above. Also see p. 60, note 4 above, for a discussion of the
interpolation that occurs in Oxford, Balliol College MS 246 at this point.

Robert Holcot

Utrum cum unitate essentiae divinae
stet pluralitas personarum

L   Robert Holcot, Determinatio 10, in *In quatuor libros sententiarum questiones argutissime; quedam (ut ipse auctor appellat) conferentie; de imputabilitate peccati questio non penitenda; determinationes item quarundam aliarum questionum* (Lyons, 1518; repr. Frankfurt, 1957), ff. J2va-J8va.

P   Cambridge, Pembroke College, MS 236, ff. 209ra-214va.

Utrum cum unitate essentiae divinae stet pluralitas personarum

Utrum cum unitate essentiae divinae stet pluralitas personarum. Quod non arguitur, sicut arguit Magister, 1 *Sententiarum*, d. 3, c. 3, ad
5 probandum unum deum. Arguit enim sic: si essent duo dii, vel aliquid deesset uni quod haberet alter, vel nihil deesset uni quod haberet alter. Si primum, illi deesset summa perfectio. Si secundum, alter superflueret.[1] Et sic arguitur de personis, vel aliquid deest uni personae quod habet altera, vel nihil, etc. Si primum, tunc alicui personae deest summa perfectio. Si
10 secundum, altera superfluit, ergo etc.

Secundo sic: si cum unitate essentiae divinae stet pluralitas personarum, tunc oportet quod tres personae sint tres res, sicut innuit Augustinus, 1 *De doctrina christiana*,[2] et Magister, 1, d. 1.[3] Res inquiunt, quibus fruendum est sunt Pater et Filius et Spiritus Sanctus. Sed illud consequens est falsum
15 et contra Augustinum, 5 *De Trinitate*, c. 8. "Illud," inquit, "praecipue teneamus quicquid ad se dicitur praestantissima illa et divina sublimitas substantialiter dici,"[4] etc., et infra: "quicquid de singulis ad seipsos dicitur, non pluraliter in summa sed singulariter accipiatur."[5] Sed certum est quod iste terminus "res" dicitur substantialiter et ad se, ergo non

3 unitate ... divinae] essentia divina L | stet] stat L | quod] et arguo quod L
4 arguitur sicut] ut L | *Sententiarum om.* P | 3¹ *om.* L | 3²] 10 P; 1 L   5 probandum] producendum L | arguit ... sic *om.* L   6 haberet alter²] etc. P   7 primum] primo modo L | summa] aliqua P | secundum alter] secundo modo alteri L | superflueret] de perfectione *add.* L   7-8 et ... arguitur] similiter arguo L   8 aliquid] perfectionis *add.* L   9 etc. *om.* L | primum] primo modo L | alicui] illi L   10 secundum] secundo modo tunc L | superfluit ... etc.] persona superflueret   11 stet] staret L | pluralitas personarum] etc. P   12 oportet ... sint] istae tres essent L | sicut] ut L   13 inquiunt] inquit L   14 et¹ *om.* P   15 inquit *om.* L   16 ad] per P | et *om.* P   17 dici *om.* P | etc. *om.* P | seipsos] seipsas L   18 in summa *om.* L | accipiatur] accipitur L
19 terminus] tres L | dicitur] dicuntur L

[1] Peter Lombard, *Sententiae* 1.3.3, Spicilegium Bonaventurianum 1.2 (Rome, 1971), p. 76, lines 19-23.
[2] Augustine, *De doctrina christiana* 1.5.5 (CCL 32: 9, lines 1-4).
[3] Peter Lombard, *Sententiae* 1.1.2, Spicilegium 1.2: 56, lines 14-17.
[4] Augustine, *De Trinitate* 5.8 (CCL 50: 215, lines 1-3).
[5] Ibid., lines 5-6.

20 praedicatur de personis pluraliter, sed singulariter tantum. Ergo tres personae non sunt tres res, ergo etc.

Tertio sic: si sic, sequeretur quod tota forma syllogistica quam tradit Aristoteles, 1 *Priorum*,[6] esset defectiva, quia ubi cum unitate essentiae stat pluralitas personarum, forma arguendi non valet in quacumque materia, 25 quia forma bona tenet in omni materia. Sed si cum unitate essentiae staret pluralitas personarum, forma syllogistica etiam notissima qua propter sui notitiam Aristoteles utitur, 1 *Priorum*,[7] antequam aliquid determinet de syllogismo, ad probandum conversiones syllogismorum, non valeret. Ergo cum unitate essentiae non stat pluralitas personarum.

30 Assumptum probo quia haec est forma syllogismi expositorii: iste Pater
L J2vb generat, // iste Pater est essentia, ergo essentia generat. Similiter haec, ista essentia est Pater, ista essentia est Filius, ergo Filius est Pater. Et tamen in istis formis praemissae sunt verae, et conclusiones sunt falsae, ergo etc.

Ad oppositum, 1 Iohannis 5.[7]: "Tres sunt qui testimonium dant in 35 caelo: Pater, Verbum et Spiritus Sanctus, et hi tres unum sunt," et Magister, 1 *Sententiarum*, d. 2, per totum.[8]

In ista quaestione quattuor fient: primo dicam ad titulum quaestionis, secundo inquiram utrum logica Aristotelis sit formalis et an teneat universaliter in omni materia, tertio solvam quasdam dubitationes, et 40 quarto dicam ad principales rationes.

< ARTICULUS PRIMUS >

Quantum ad primum dico breviter duo. Unum est quod titulus quaestionis non est apud Catholicum quaestio nec dubitabilis propositio, sed est radix et principalis articulus fidei Christianae, sicut patet ex deter-

---

20 praedicatur ... personis *om.* L | ergo] istae *add.* L   21 sunt tres] est L | ergo etc. *om.* L   22 sic[1] *om.* L | sequeretur] sequitur P   22-23 quam ... *Priorum om.* L   23 unitate essentiae] veritate praemissarum L   24 pluralitas personarum] falsitas conclusionis ibi L | valet] quia *add.* L   25 quia *om.* L   26 personarum] prima *add.* L   26-27 etiam ... utitur] qua proprie utitur Aristoteles propter sui notitiam L   27 determinet] determinat L   28 syllogismorum *om.* L   29 pluralitas personarum] etc. P   31 haec] hic L   32 et tamen] sed L | in] omnibus *add.* L   33 formis *om.* L | sunt[2] *om.* L   34-35 dant ... Sanctus] etc. P   36 d. 2] et L   37 quattuor fient *om.* L   39 universaliter *trp. p.* materia L | et *om.* L   40 dicam *om.* P   42 breviter *om.* P   43 nec] ut L   44 et] est P | Christianae sicut] ut L

---

[6] Aristotle, *Analytica priora* 1.24a-52b.
[7] Ibid., 1.25a1-25b25.
[8] Peter Lombard, *Sententiae* 1.2, Spicilegium 1.2: 61, line 10 - 68, line 18.

45 minatione ecclesiae, Extravagantes, *De summa Trinitate et fide catholica*,
c. *firmiter* et c. *damnamus*,[9] et in tribus symbolis, scilicet Apostolorum,
Nicaeni Concilii et Athanasii. Unde absque ulla dubitatione credendum
est quod cum unitate et summa simplicitate essentiae stat pluralitas,
scilicet trinitas, personarum.

50 Secundo, dico quod illud sufficienter declarare transcendit naturale
ingenium creaturae maxime cum bene canit ecclesia in sequentia de
Trinitate: "Non humana ratione Capi possunt hae personae Nec harum
P 209rb discretio. Digne loqui de // personis Vim transcendit rationis, Excedit
ingenia. Quid sit gigni quid processus, Me nescire sum professus, Sed fide
55 non dubia. Nos in fide gloriemur, Nos in una modulemur Fidei
constantia."[10] Ista non dicuntur in persona alicuius laici, sed in persona
cuiuscumque theologi, et generaliter cuiuscumque viatoris qui non est
illuminatus aliqua revelatione singulari, et non plus dico de primo
articulo.

60 < Articulus secundus >

Secundo est inquirendum an logica Aristotelis, sive illa quae est inventa
a philosophis et tradita ab Aristotele et tractatur communiter in scholis, sit
formalis vel non. Et dicitur quod non, quia paucae regulae vel nullae quas
tradit Aristoteles in libro *Priorum* et alibi tenent in omni materia. Causa
65 est quia Aristoteles non vidit quod aliqua res esset una et tres, et ideo dedit
tales regulas, scilicet quod medio existente hoc aliquid, necesse est
extrema coniungi, et quaecumque uni et eidem sunt eadem, ipsa inter se
sunt eadem, et quod contradictoria praedicata non verificantur de eadem

46 c. ... c. *om.* L | tribus *om.* L | scilicet *om.* L   47 unde *om.* L
48 pluralitas scilicet *om.* L   50 declarare transcendit] demonstrare excedit L
51 maxime ... ecclesia] unde canitur L   52-53 non ... discretio *om.* L   54 me] ne L
54-56 sed ... constantia] etc. L   56-57 in ... cuiuscumque[1] *om.* P   57 generaliter
cuiuscumque] cuiuslibet L   58 et] ideo *add.* L   58-59 non ... dico *trp. p.* articulo L
61-62 sive ... communiter] et quae communiter traditur L   63 vel] an L | et dicitur *om.*
L   64 tradit] ponit L | Aristoteles *om.* L | et] vel P   65 aliqua] una L | dedit] dicit L
66 scilicet quod *om.* L   68 quod *om.* L | praedicata *om.* L   68-69 eadem re]
eodem L

[9] Concilium Lateranense 4, 11-30 Nov. 1215 [Henricus Denziger and Adolfus Schonmetzer, *Enchiridion symbolorum: Definitionum et declarationum de rebus fidei et morum*,
3rd ed. (Barcelona, 1965), pp. 261-262, *804].
[10] "De sanctissima Trinitate," ascribed to Adam of St. Victor, verses 11, 15-17, in
Analecta Hymnica Medii Aevi, ed. Cl. Blume and H. M. Bannister, vol. 54 (Leipzig, 1915),
p. 249.

re.[11] Et alias multas dedit quae non sunt verae in omni materia quia
70 capiunt instantiam in terminis quibus utimur in divinis. Ideo dicitur quod
illae regulae non sunt formales, quia sermo concludens per se concludit in
omni materia, sicut dicit Commentator contra Parmenidem, 1 *Physi-*
corum, commento 25.[12] Unde, si Aristoteles vidisset quod aliqua res
fuisset tres res et tamen una, excepisset illam rem a regulis illis et con-
75 similibus.

Quantum, autem, ad formam arguendi, vel syllogistice vel empirice,
dicitur quod forma tradita ab Aristotele est diminuta. Unde debet perfici
L J3ra per duas regulas quas ponit venerabilis // Anselmus, *De processione*
Spiritus Sancti, quae sunt istae: quod unitas tenet suum consequens ubi
80 non obviat relationis oppositio, et relatio tenet suum consequens ubi non
obviat unitas essentiae.[13] Propter primam, non valet iste discursus:
essentia est Pater, essentia est Filius, ergo Pater est Filius, quia in conclusione inter maiorem extremitatem et minorem obviat oppositio relationis, sed inter extremitatem et medium, non, quia essentia opponitur
85 relative ad personas. Propter secundam regulam non tenet iste discursus:
Pater non est Filius, Pater est essentia, ergo essentia non est Filius, quia in
conclusione obviat unitas essentiae.

Unde ex istis concludunt aliqui quod Catholicus obligatus ad tenendum
pro principio quod una res est tres res, non est obligatus ad sustinendum
90 tales regulas logicales nec admittere formas argumentorum nisi in tali
materia pro qua dabantur ab Aristotele, quia non dabantur ab eo nisi in
materia certa.[14]

---

70 divinis] et *add.* L   72 materia] vel L | Commentator *om.* L   73 unde] ubi sic
arguit L | Aristoteles *om.* L | quod aliqua] aliquas L   74 fuisset] fuisse L | una] unam L
76 quantum] respondentes L   76-77 vel[1] ... dicitur] in divinis, dicunt L   77 unde]
et L   78 per ... regulas] duabus regulis L   79 unitas] essentia P   80 consequens]
locum L   82 Pater[2]] Filius P | Filius[2]] Pater P   82-83 in conclusione] inter Patrem et
Filium hoc est L   83-84 oppositio relationis *trp.* L | relationis] relativa P
84 extremitatem] extremitates L | essentia] non *add.* L   85 regulam *om.* L | tenet]
valet L   87 conclusione] non *add.* P   88 aliqui *om.* L   90 nec] debet *add.* L | tali]
illa L   91 dabantur[2] *trp. p. eo* L

---

[11] Aristotle, *Analytica priora* 1.25b30-35; 1.43b40-45; 2.62a10-20.
[12] Averroës, *De physico* 1.25, in *Aristotelis opera cum Averrois commentariis*, vol. 4
(Venice, 1562; repr. Frankfurt, 1962), fol. 17rb.
[13] Anselm, *De processione Spiritus Sancti* 1, in *Opera omnia*, ed. Franciscus Salesius
Schmitt, vol. 2 (Edinburgh, 1946), p. 181, lines 2-4.
[14] In a detailed study, the only person who came close to advocating such an opinion
was Holcot himself, in his *Sentences* commentary, a position he rejects here in his
quodlibeta. Others: Hervé Nédélec, Peter Aureole, Francis of Mayronnes and Adam
Wodeham, like Holcot, refer to such an opinion. Hervé Nédélec, Peter Aureole and

< Articulus tertius >

< *Primum dubium* >

Tertio principaliter movebo quaedam dubia. Primum est de forma
95 syllogismi expositorii: an valeat in omni materia. Et arguitur quod non
multipliciter. Primo sic: non tenet in divinis, ergo non est formalis.
Assumptum probatur per tertium principale et per consimiles formas,
nam non sequitur: iste Deus est incarnatus, iste Deus est Pater, ergo Pater
est incarnatus. Aliter: iste Deus generat, iste Deus est Filius, ergo Filius
100 generat. Sed quia forte diceretur quod istae minores sunt falsae, fiant tales
formae: ista paternitas distinguitur a Filio, ista paternitas est essentia, ergo
essentia distinguitur a Filio. Similiter: ista paternitas generat, ista paternitas est essentia, ergo essentia generat.

Secundo sic: demonstro spatium interceptum inter aliqua duo, et arguo
105 sic: istud spatium est haec distantia, et idem spatium est haec propinquitas,
P 209va ergo haec propinquitas est haec distantia. Conclusio est falsa quia si //
propinquitas est distantia, ergo maior propinquitas, maior distantia, consequens falsum. Et consequentia probatur, quia si haec propinquitas est
haec distantia, ergo aucta propinquitate augebitur omne quod est hoc, sed
110 haec distantia est hoc, ergo aucta propinquitate augebitur distantia.

Item, si propinquitas sit distantia, sit A distantia pedalis inter duo
corpora, et sit B distantia bipedalis inter alia duo, et arguitur sic: B est
maius spatium quam A, ergo B est maior distantia quam A, sed omnis
distantia est propinquitas, ergo B est maior propinquitas quam A, ergo ista

---

94 principaliter *om.* L   96 multipliciter *om.* L   97 et ... formas *om.* L   98-
99 iste[1] ... aliter *om.* P   100 quia *om.* P   101 paternitas[2]] essentia L | essentia] pater-
nitas L | ergo] ista *add.* L   102 ista[1]] sic *add.* L   103 ergo] illa *add.* L
104 secundo] et similiter L | demonstro ... interceptum] demonstrato spatio intercepto L
| et *om.* L | arguo] arguitur P   105 idem] illud L | haec[2] *om.* L   106 haec[2]] ista L
107 propinquitas[2]] est *add.* L   108 et ... probatur] consequentiam probo L   109-
110 augebitur[1] ... augebitur[2]] augetur L   111 sit[1]] est P | distantia[2] *om.* P
112 distantia *om.* P | duo] corpora *add.* L | arguitur] arguo L   114 propinquitas *om.* L
| ista] illa P

Francis of Mayronnes raised this argument as a *contra* opinion against their own positions
and criticized each other, among others, for espousing it. In fact, none of them argued that
the fundamental principles of logic should be discarded in theology. Wodeham accused
certain "moderni" of having discarded Aristotelian logic. It is possible that no one actually
accepted such a position, but that unfounded criticisms of the works of others, attributing
such an opinion to them, may have enshrined the rejection of Aristotle's logic as the
"opinion of some 'moderni'" by the time of Wodeham and Holcot. For a thorough
discussion, see Hester Goodenough Gelber, "Logic and the Trinity: A Clash of Values in
Scholastic Thought, 1300-1335" (Ph.D. diss., University of Wisconsin-Madison, 1974),
pp. 125-126, 132, 139, 146, 151, 157, and 244-245.

115 sunt propinquiora inter quae est distantia bipedalis quam ista inter quae
est distantia praecise pedalis.

Item, sub alia forma arguitur sic: hoc spatium demonstrato B est maius
A, hoc spatium est haec propinquitas, ergo haec propinquitas est maior A,
sed non est maior non-propinquitas, ergo est maior propinquitas. Quod
120 non sit maior non-propinquitas patet quia sequitur: ista propinquitas est
maior non-propinquitas, ergo ista propinquitas est non-propinquitas,
consequens falsum, quia sequitur ultra: ergo ista propinquitas non est
propinquitas per illam regulam ab affirmativa de praedicato infinito,[15] etc.,
sicut patet 2 *Peri Hermenias* et 1 *Priorum*.[16]

125 Tertio sic: dicat Sortes istam tantum: "Sortes dicit falsum," et arguitur
L J3rb sic: hoc est dictum a Sorte, et hoc est falsum, ergo falsum est dictum a
Sorte. Praemissae sunt verae, et conclusio est falsa.

Quarto sic: haec anima est intellectus, haec anima est voluntas, ergo
voluntas est intellectus. Conclusio est falsa, quia sequitur ultra: ergo
130 voluntas intelligit et intellectus vult. Vel sic: haec voluntas per se vult,
haec voluntas est intellectus, ergo intellectus per se vult.

Quinto sic: demonstratis duabus albedinibus, arguitur sic: ista duo sunt
haec dualitas, ista duo sunt haec similitudo, ergo haec similitudo est haec
dualitas. Conclusio est falsa quia dualitas et similitudo sunt in diversis
135 praedicamentis, ergo unum non praedicatur de alio.

Sexto sic: demonstro aliquam volitionem quae est mala per peccatum,
et arguo sic: haec res est a Deo, haec res est peccatum, ergo peccatum est a
Deo, consequens falsum, quia tunc Deus foret auctor peccati, contra
Augustinum *83 quaestiones*, q. 3,[17] et allegat Magister, 1 *Sententiarum*,
140 d. 46, c. 6.[18]

---

115 quam] sint *add.* L | ista *om.* P   116 praecise *om.* L   117-124 item ... *Priorum*
om. L   124 2] 1 P   125 istam] istud L   126 sic *om.* L   127 et *om.* L | est *om.* L
129 est[2] *om.* P | ultra ergo *om.* L   130-131 vel ... vult *om.* P   132 albedinibus]
albedinis P   134 est *om.* P | dualitas] similitudo L | similitudo] dualitas L
135 ergo ... alio *om.* L   136 volitionem] voluntatem L | quae est *trp. p.* mala L | mala]
malam L | per *om.* L   137 arguo] arguitur P | haec res[1]] hoc L | haec res[2]] hoc L
138 consequens falsum] conclusio falsa L   138-140 quia ... 6 *om.* L | 6] 12 P

---

[15] Cf. William of Ockham, *Summa logicae* 2.12, in *Opera philosophica*, ed. Philotheus
Boehner, Gedeon Gál and Stephanus Brown, vol. 1 (St. Bonaventure, N.Y., 1974),
pp. 283-284.

[16] Aristotle, *De interpretatione* 2.16a30 and *Analytica priora* 1.46.51b5-52a14.

[17] Augustine, *De diversis quaestionibus octoginta tribus* 3 (CCL 44A: 12). Also see ibid.,
21 (CCL 44A: 26).

[18] Peter Lombard, *Sententiae* 1.46.6.3, Spicilegium 1.2: 319, lines 9-23. See idem,
Sententiae 1.46.7.2, Spicilegium 1.2: 320, lines 4-19, as well.

Septimo: demonstrato toto et partibus eius, istae partes componunt suum totum, istae partes sunt suum totum, ergo totum componit se.

Octavo sic: hoc est volitum a te, demonstrato hoc quod est esse in luto cum centum marcis, et hoc est esse in luto, ergo esse in luto est volitum a

145 te.

Nono sic: credere hanc propositionem tu vis, sed credere hanc propositionem est errare, ergo tu errare vis.

Decimo sic: tu vis hoc, demonstrato hoc quod est fornicari, et hoc est mereri poenam aeternam, ergo tu vis mereri poenam aeternam. Conclusio

150 est falsa, et utraque praemissa est vera, ergo forma non valet.

< Secundum dubium >

Secundum dubium est utrum de aliqua re creata possint verificari contradictoria praedicata. Et arguitur quod sic, nam demonstrato Sorte, haec est vera: iste est pater, iste est non-pater. Probo quia sequitur non est

155 pater Platonis, ergo est non-pater.

Secundo sic: demonstrato aliquo corpore, haec est vera: hoc est duplum quia est duplum ad suam medietatem, et similiter, illud idem est non-duplum ad aliquid aliud maius se, ergo etc.

Tertio sic: idem est album et non-album, ergo contradictoria praedicata,

160 etc. Assumptum probo, demonstrato aliquo scuto cuius una medietas est alba et alia nigra, arguitur sic: istae duae medietates sunt album et non-album, istae medietates sunt hoc scutum, ergo hoc scutum est album et non-album.

P 209vb Quarto sic: Sortes est similis quia est // similis Platoni (sit ita gratia

165 exempli), et Sortes est non-similis quia est non similis Ciceroni, ergo Sortes est similis et non-similis.

< Tertium dubium >

Tertium dubium est an ista debeat concedi: Deus non generat. Videtur quod sic, quia est una indefinita cuius duae singulares sunt verae, ergo est

---

141 eius *om.* L   143 sic *om.* L   144 est[1] *om.* P   146 sic *om.* L | credere hanc
propositionem *trp. p.* tu vis L   147 tu *om.* P   148 hoc[2] ... est *om.* L   149 aeternam[1]
om. L | mereri[2] *om.* L | aeternam[2] *om.* L   149-150 conclusio ... valet *om.* L   152 est
om. P | de *om.* L | re ... possint] res creata sit de qua possunt L   153 praedicata] pura L
154 iste[1]] Sortes L | iste[2]] Sortes L | est non *trp.* L | non est *trp.* L   155 est ... Pater]
etc. P   156 secundo sic] et L   157 est duplum *om.* L | idem *om.* L | est non *trp.* L
158 aliquid *om.* L   159 sic idem] illud L | non] est *add.* L   159-160 contradictoria ...
probo] probatur assumptum L   160 aliquo] uno L | una *om.* L   161 arguitur] tunc L
161-162 non-album] nigrum L   162 istae] duae *add.* L   164 est similis[2] *om.* L
164-165 sit ... exempli *om.* L   165 est non[1] *trp.* L | est[2] ... similis[2] *om.* L   166 Sortes
om. L   168 generat] et *add.* L

170 vera. Assumptum patet, nam sequitur: Filius non generat, ergo Deus non generat, et similiter de Spiritu Sancto, ergo etc.

< Quartum dubium >

Quartum dubium: quare negat ecclesia tales propositiones: essentia divina generat, essentia divina generatur, sicut patet 1 < Sententiarum > ,

175 d. 5,[19] et Extravagantes, De summa Trinitate et fide catholica, c.

L J3va damnamus.[20] Et videtur quod haec sit vera: essentia divina generat. // Primo sic: essentia divina est Pater, ergo essentia divina est generans, et ultra, ergo essentia divina generat. Vel sic: essentia divina est res generans, ergo essentia divina est generans. Probatur consequentia; a determinabili

180 sumpto cum determinatione non distrahente nec diminuente ad determinabile absolute sumptum est consequentia bona, et sequitur ad eandem determinationem absolute sumptam, sicut utraque istarum consequentiarum est bona: Sortes est homo albus, ergo Sortes est homo, et Sortes est albus.

185 Secundo sic: quandocumque aliquod praedicatum praedicatur de aliquo, potest supponere pro eodem, sed essentia praedicatur de Patre, nam Pater per se est essentia, ergo in ista: essentia generat, potest subiectum supponere pro Patre.

Tertio sic: de quocumque praedicatur subiectum, et eius propria passio,

190 sed "Pater" est sicut subiectum et "generare" est sicut propria passio, et Pater praedicatur de essentia sicut notum est. Ergo haec est vera: essentia generat.

Quarto sic: essentia est Pater Filii, ergo essentia generat. Antecedens probatur quia sua conversa est vera, ergo etc.

195 Quinto sic: Ricardus, De Trinitate, 6, c. 22: "Multi," inquit, "temporibus nostris < surrexere > , qui non audent substantiam genitam affirmare,

---

171 et om. P | ergo etc. om. L   173 negat ecclesia trp. L   174 generat] tum add. L | patet] libro add. L   174-175 Sententiarum ... Catholica] decretalium L   176 sit] est L   177 primo sic] et haec similiter L   177-178 essentia[2] ... divina[1] om. L   179-183 probatur ... consequentiarum] consequentia patet, quia sicut illa consequentia L   183 Sortes[2] om. L   183-184 et ... albus om. L   185 secundo sic] item P | quandocumque aliquod] quando L   187 in ... generat om. L   188 subiectum om. L   189 sic om. L | quocumque] quo L   190 est[2] ... propria] eius L   191 sicut ... est[1] om. L   194 probatur] patet L | ergo etc. om. L   195 Ricardus] Augustinus in libro L | 6] 2 P | 6 ... 22 om. L   195-196 temporibus] de partibus L   196 qui om. L | audent substantiam om. P | affirmare om. P

---

[19] Peter Lombard, Sententiae 1.5.1, Spicilegium 1.2: 80: line 25 - 87, line 9.
[20] Concilium Lateranense 4, 11-30 Nov. 1215 [Denzinger and Schonmetzer, Enchiridion, p. 262, *804].

sed, quod periculosius est, contra sanctorum auctoritatem, audent negare quod substantia gignit substantiam. Pertinaciter negant quod omnes affirmant." [21]

200 Sexto sic: Filius generatur ab aliquo, ergo ab aliqua substantia vel ab aliquo accidente, sed non generatur ab aliquo accidente, constat, quia nullum accidens est in Deo, 5 *De Trinitate*, c. 5,[22] ergo generatur ab aliqua substantia et non nisi a substantia divina. Ergo Filius generatur a substantia divina, et ultra, ergo substantia divina generat Filium.

205 Septimo sic: posse generare est melius quam non posse generare, quia Deo nihil attribuitur nisi quod melius est ipsum quam non ipsum, *Monologion* 15,[23] ergo hoc competit essentiae divinae, quia essentia divina est quicquid est melius ipsum quam non ipsum, sicut ibidem dicitur.

Octavo sic: essentia divina non est genita, ergo Deus non est genitus. 210 Consequentia patet quia sequitur: deitas non est genita, ergo Deus non est genitus.

Nono sic: essentia divina spirat Spiritum Sanctum, ergo pari ratione, generat Filium. Consequentia patet et antecedens probo, quia aliquid spirat Spiritum Sanctum et non Pater nec Filius, sed ambo. Unde Extra- 215 vagantes, *De summa Trinitate et fide catholica*, c. *damnamus*, Pater et Filius sunt unum principium Spiritus Sancti,[24] ergo essentia communis spirat Spiritum Sanctum.

Decimo sic: omne generans aliquo generat, Pater generat, ergo Pater aliquo generat, vel ergo essentia vel relatione. Non relatione, quia relatio 220 non est principium operandi vel producendi, ergo generat essentia. Ergo generatio attribuitur essentiae. Ergo sicut haec est vera: albedo disgregat, ita haec: essentia generat.

---

197 contra *om.* L | auctoritatem] auctoritates LP | audent *om.* L   198 pertinaciter] particulariter L   200 ab aliqua] a L   201 aliquo[1] *om.* L | generatur *om.* L | aliquo[2] *om.* L | constat *om.* L   202 5[1] ... 5[2] *om.* P | generatur ... aliqua] a L   203 a substantia *om.* P   203-204 ergo ... ultra *om.* L   205 sic *om.* L   206 quod] est *add.* L   206-208 est ... dicitur *om.* L   209 non est[1] *trp.* P   212 divina *om.* L   213 et *om.* L   214 et] sed L   215 et[1] ... catholica *om.* L   218 generat[1]] sed *add.* L | Pater[2] *om.* L   219 relatio] relatione L   221 generatio] essentiae P | essentiae] productio P

---

[21] Richard of Saint-Victor, *La Trinité* 6.22, ed. and trans. Gaston Salet, Sources Chrétiennes 63, Série des textes monastiques d'Occident 3 (Paris, 1959), p. 444.

[22] Augustine, *De Trinitate* 5.5 (CCL 50: 210, line 1 - 211, line 22).

[23] Anselm, *Monologion* 15, in *Opera omnia*, ed. Franciscus Salesius Schmitt, vol. 1 (Edinburgh, 1946), p. 28, lines 24-31.

[24] Concilium Lateranense 4, 11-30 Nov. 1215 [Denzinger and Schonmetzer, *Enchiridion*, p. 262, *804].

    Undecimo sic: si Pater generat Deum, ergo Deus dicitur relative ad Patrem, sicut arguit Magister, 1, d. 5, quod Pater non generat essentiam
225 quia si Pater generaret essentiam, essentia dicitur relative ad Patrem.[25] Et
P 210ra ita // videtur quod omnis ratio quae impedit ne ista concedatur: Pater generat essentiam, impedit ne ista concedatur: Deus vel Pater generat
L J3vb Deum, // quia si dicatur quod ex hoc arguitur distinctio inter Patrem et essentiam, eodem modo dicetur ex parte ista quod arguitur distinctio inter
230 Patrem et Deum.

    Duodecimo sic: Pater generat Deum, vel ergo se Deum vel alium Deum. Non se Deum quia 1 *De Trinitate*, c. 1: "nulla res est quae seipsam gignat,"[26] et 2 *De anima*, c. 4: "generat autem nihil seipsum sed salvat."[27] Si alium Deum, ergo duo dii.

235   Tertiodecimo sic: discurrendo per rationes Magistri arguitur quod non valent. Prima talis est d. 5, c. 1: "Si Pater genuisset essentiam divinam, divina essentia relative diceretur ad Patrem vel pro relativo poneretur, et si sic, tunc non indicaret essentiam."[28] Unde Augustinus, 5 *De Trinitate*, c. 7, dicit quod illud quod relative dicitur non indicat essentiam.[29]

240   Secunda ratio sua est talis: "Si Pater esset genitor divinae essentiae, Pater esset genitor eius rei quae ipse est, et ita eadem res seipsam genuisset."[30]

    Tertia talis est: Si Pater generet essentiam divinam, cum Pater sit essentia divina et Deus sit, ergo eo quod generat et est et Deus est, ergo
245 generans est per genitum, et genitum est causa gignenti, ut sit et ut Deus sit, ergo etc.[31]

    Sed prima de istis non videtur valere, tum quia similis forma fit de Deo, sicut argutum est in ratione undecima, tum quia haec consequentia non

---

    223 sic *om.* L | Deus ... relative] relative dicitur Filius L   224 1 *om.* L | generat] arguit L   225 generaret] generat L   226 ita] ideo L   227 Deus] Pater L | Pater] Deus L   228 quod] non quia *add.* L   229 dicetur] quod *add.* L | quod *om.* L   231-235 sic ... sic *om.* L   233 4] 8 P   235 arguitur] ostenditur L | non] nihil L 236 talis est *trp.* L | genuisset] generat P   237 divina essentia] ipsa L | vel ... poneretur *om.* L   238 sic *om.* L | indicaret] indicat L   239 c. ... illud *om.* L | 7] 18 P 240 ratio ... talis] quod L   241 ipse] ipsius P | ita *om.* L   244 essentia divina *trp. p.* sit P | et[2] *om.* P   245 gignenti] gignentis L | sit] sic L   246 sit] est L | ergo etc. *om.* L   247 videtur valere] valet L   248 sicut] ut L | in ... undecima *om.* L

---

[25] Peter Lombard, *Sententiae* 1.5.1.2, Spicilegium 1.2: 81, lines 7-10.
[26] Augustine, *De Trinitate* 1.1 (CCL 50: 28, lines 35-36).
[27] Aristotle, *De anima* 2.416b16-17.
[28] Peter Lombard, *Sententiae* 1.5.1.2, Spicilegium 1.2: 81, lines 8-11.
[29] Augustine, *De Trinitate* 5.7.8 (CCL 50: 214, lines 61-62).
[30] Peter Lombard, *Sententiae* 1.5.1.3, Spicilegium 1.2: 81, lines 13-15.
[31] Ibid., 1.5.1.4, Spicilegium 1.2: 81, lines 16-20.

valet: relatio ponitur, ergo non indicat essentiam. Nam cum dicitur Deus
250 generat Deum vel sapiens generat sapientem, potens potentem, tam
subiectum quam praedicatum relative ponuntur. Tum quia in ratione est
aequivocatio, nam primo li divina essentia supponit significative et postea
materialiter, sicut in hac propositione patet: essentia divina non indicat
essentiam divinam, quia si supponat significative, propositio est vera.

255   Item secuna forma non videtur valere, quia arguo sic: quod Deus non
generat Deum, quia si sic, generat aliquam rem quae est ipse Deus. Quia
sequitur: Pater genuit Deum, ergo genuit aliquam rem quae est Deus, ergo
genuit aliquam rem quae est essentia divina, et omnis res quae est Pater est
essentia divina, ergo genuit aliquam rem quae est Pater. Similiter: genuit
260 Deum unum, et tantum est unus Deus qui est Pater, ergo genuit rem quae
est Pater.

        Item iuxta tertiam formam suam, arguo sic: Pater est Deus divinitate,
ergo si genuit Deum, genuit quo est Deus. Similiter sic: Pater genuit
Deum, sed nullum Deum genuit nisi Deum qui est Pater, ergo genuit
265 Deum qui est Pater, et ultra, ergo genuit Deum qui est ipse, et per
consequens genuit rem quae est ipse.

< Quintum dubium >

        Quintum dubium est an contradictoria sint concedenda in divinis.
Videtur quod sic, quia contradictoria praedicata verificantur de terminis
270 supponentibus pro eadem re, sicut patet de istis: Pater generat, essentia
non generat, Pater distinguitur a Filio, essentia non distinguitur a Filio.
Ergo nihil deest ad contradictionem sequi nisi identitas nominis vel
termini subiecti in affirmativa et negativa. Ergo ista nunc contradicunt:
iste Pater distinguitur a Filio, essentia non distinguitur a Filio, sicut ista:
275 Tullius currit, et Marcus non currit, posito quod Tullius sit binomius. Sed
P 210rb istae sunt ita contradicentes // quod sine nova impositione, impossibile est
quod sint simul verae, ergo sic est < ut > in proposito. Similiter ista satis
contradicunt: homo currit, nullum animal rationale currit, et tamen
termini subiecti in istis non sunt idem quoad vocem.

        249 relatio] prorelatio L | dicitur om. L   250 generat¹] genuit L   250-251 vel ...
tum] tam Spiritum quam Filium prorelatio ponitur. Similiter haec species genuit
sapientem, et sic de aliis; Tamen L   253 hac ... patet] ista L   254 divinam quia om. L
        255-256 non generat¹] genuit L   256 generat²] genuit L | est ipse trp. L | Deus om.
L   259-261 similiter ... Pater om. L   262 suam om. L | arguo] arguitur P | divinitate
om. L   263 quo] quod L   264 Deum genuit om. L | Deum³ om. P   265-266 et ...
ipse om. L   269 contradictoria praedicata] contradictio pura L | verificantur de]
verificatur pro L   270 de] in L   272 sequi] veram L   273 subiecti] significativi L |
et] in add. L   273-278 ergo ... contradicunt] sed illa non impedit quia ista opponuntur:
ista relatio distinguitur, essentia non distinguitur, sicut ista: L   278 currit¹] et add. L
279 subiecti] significativi L | istis] illa L | idem] in istis add. P | quoad vocem] in voce L

280 Secundo sic: // omnia posita in symbolo sunt concedenda, sed aliqua
L J4ra contradictoria in divinis ponuntur in symbolo, ergo sunt concedenda.
Maiorem probo: quia in symbolo Athanasii dicitur Pater et Filius et
Spiritus Sanctus non tres aeterni sed unus aeternus, et infra, Pater et Filius
et Spiritus Sanctus sunt tres coaeterni.[32] Et sequitur sunt coaeterni, ergo
285 sunt aeterni. Ergo sequitur quod sunt tres aeterni et non sunt tres aeterni,
ergo etc.

< Sextum dubium >

Sextum dubium est an in Patre sit aliquid proprium Patri, constitutivum
Patris, distinctum aliquo modo ab essentia. Quod sic, 7 *De Trinitate*, c. 1:
290 "Omnis essentia quae relative dicitur est aliquid excepto relativo sicut
homo dominus, homo servus."[33] Ergo Pater est aliqua substantia distincta
a relatione.

Secundo sic: aliquid constituit Patrem in esse Patris, sed nihil commune
tribus, ergo aliquid quod non est commune tribus, ergo aliquid aliud ab
295 essentia, ergo etc.

Tertio sic: nullum notionale est essentiale, sed in Patre est aliquid
notionale et aliquid essentiale. Ergo in Patre est aliquid constitutivum
Patris quod est notionale distinctum ab essentia.

Quarto sic: filiatio distinguitur ab essentia in filio, ergo paternitas
300 distinguitur ab essentia in Patre. Consequentia patet, et antecedens probo
quia filiatio terminat unionem naturae humanae ad Verbum, et non
essentia divina, saltem immediate, ergo etc.

Quinto sic: idem constituit Patrem in esse Patris et distinguit Patrem ab
aliis personis, sed essentia non distinguit Patrem ab aliis personis, ergo
305 aliquid aliud ab essentia, sed nihil extrinsecum Patri, ergo aliquid
intrinsecum Patri.

---

281 in[1] ... ponuntur] sunt posita L | sunt concedenda] etc. P   282 et[1] *om.* P
283 infra] dicitur quod *add.* L | et[2] *om.* P   284 tres *om.* L | coaeterni[1]] unde dicitur sic:
totae tres personae coaeternae sibi sunt et coaequales *add.* P | coaeterni[2]] coaeternae P
285-286 ergo ... etc. *om.* L   288 est *om.* P   289 essentia] et arguitur *add.* L
290 relative] relatio P   291 substantia] essentia L   293 nihil] est *add.* L   294 aliud
om. L   295 ergo etc. *om.* L   296 essentiale] essentia L | aliquid] aliquod P; *om.* L
299 filiatio] Filius L | ab ... in] a L   300 distinguitur *om.* P | et *om.* L   301 unionem]
unitatem L | humanae] se habere L   304 ab ... personis[2] *om.* L   305 aliquid[1] *om.* L |
aliquid[2] *om.* L

---

[32] A. E. Burn, *The Athanasian Creed and its Early Commentaries* (Cambridge,
England, 1896; repr. Wiesbaden, 1967), p. 4, lines 10-11.
[33] Augustine, *De Trinitate* 7.1 (CCL 50: 247, lines 106-108).

Ad oppositum huius est quia tunc Pater foret compositus ex distinctis rebus.

< Septimum dubium >

310   Septimum dubium est an sit aliqua productio in divinis. Videtur quod non, quia nihil est producibile in divinis ad esse, ergo ibi nulla est productio ad esse. Consequentia patet, et antecedens probo quia omne quod est Deus est necesse esse, ergo nihil tale accipit esse ab alio.

Secundo sic: omne producibile ad esse potest esse in potentia ad esse,
315   sed Deus non potest esse in potentia ad esse, ergo Deus non est producibilis. Ergo nihil quod est Deus est generabilis, ergo etc.

< Octavum dubium >

Octavum dubium est de illa regula Anselmi quod unitas vel essentia tenet suum consequens ubi non obviat relationis oppositio.[34] Videtur quod
320   non, quia tunc haec esset concedenda: essentia generat, per hanc formam arguendi: Pater generat, Pater est essentia, ergo essentia generat, quia inter generare et essentiam non obviat relationis oppositio, manifestum est, sicut nec inter Patrem et essentiam.

Secundo sic: Anselmus, *De processione Spiritus Sancti*, probat quod
325   Spiritus Sanctus est a Patre, et arguit sic: Spiritus Sanctus est a Deo, Pater est Deus, ergo Spiritus Sanctus est a Patre.[35] Consimiliter arguo ego: Spiritus Sanctus est a Deo, Trinitas est Deus, ergo Spiritus Sanctus est a Trinitate. Vel sic: Spiritus Sanctus est a Deo, Spiritus Sanctus est Deus, ergo Spiritus Sanctus est a Spiritu Sancto. Constat quod in neutra
330   conclusione obviat relationis oppositio, ergo etc.

Tertio sic: Deus est incarnatus, Spiritus Sanctus est Deus, ergo Spiritus
L J4rb   Sanctus est incarnatus; // non obviat relationis oppositio.

Quarto sic: essentia est Trinitas, essentia est Pater, ergo Pater est
P 210va   Trinitas; inter Patrem et Trinitatem non obviat relationis oppositio. //

---

307 huius] istius L | foret] esset L   310 est *om.* L   311 ibi *trp. p.* est² L
312 consequentia *om.* L | patet et *om.* L   313 est²] de se L | necesse] est *add.* L   315-
316 ergo ... generabilis *om.* L   318 quod] scilicet L | vel essentia *om.* L   319 non] sit
falsa L   320 haec esset *trp.* P | essentia generat *om.* L   321 arguendi] arguendo L |
Pater²] essentia L | essentia¹] Pater L   323 sicut] similiter L   324 processione]
processu L   326-330 consimiliter ... etc. *om.* L   331 incarnatus] Pater vel *add.* L |
ergo] Pater vel *add.* L   333 sic] sub hac forma L | essentia²] Pater L | Pater¹] essentia L
334 inter ... Trinitatem *om.* P | relationis oppositio] etc. P

---

[34] See p. 68, note 13 above.
[35] Anselm, *De processione* 2, in *Opera* 2: 190, lines 17-19, has a somewhat comparable argument. See *De processione* 2 in general.

335   *< Nonum dubium >*

Nonum dubium est an Pater sit aliud a Filio, et videtur quod sic, nam
sequitur: Pater est aliud suppositum a Filio, ergo est aliud a Filio.
Consequentia patet quia ex opposito consequentis infertur oppositum
antecedentis. Item Pater est alia res a Filio, ergo est aliud a Filio. Con-
340 sequentiam probo quia antecedens et consequens convertuntur, quia hoc
neutrum genus substantivum "aliud" exponitur per hoc: quod est alia res,
sicut "album," alba res secundum grammaticos.

Ad oppositum, Extravagantes, *De summa Trinitate et fide catholica*, c.
damnamus: "Licet alius sit Pater, alius Filius, alius Spiritus Sanctus, non
345 tamen aliud quod est Pater, est Filius," etc.[36]

                    < Decimum dubium >

Decimum dubium est an haec sit concedenda: Deus est Trinitas; videtur
quod non, quia praedicatum non inest alicui supposito subiecti, ergo est
indefinita falsa. Assumptum patet quia nec Patri nec Filio nec Spiritui
350 Sancto inest hoc praedicatum "Trinitas," et subiectum non habet plura
supposita, ergo etc. Si dicatur quod est propositio falsa, contra: ergo iste
terminus "Deus" foret terminus singularis, et sic foret quaelibet talis
singularis: Deus generat, Deus non generat. Et sic iste terminus "Deus"
non foret communis tribus personis.
355   Secundo sic: si sic, Deus non est summe unus. Probo consequentiam
quia nulla Trinitas est summe una, sed Deus est Trinitas, ergo non est
summe unus. Maior patet quia quaelibet unitas est simplicior quam
trinitas. Similiter: dualitas est minus divisibilis quam trinitas quia trinitas
potest dividi in tria et dualitas non nisi in duo, ergo dualitas est magis
360 simplex quam trinitas. Ergo Deus non est summe simplex.

---

336 est *om*. P | sit] est L | et ... sic *om*. P   337 sequitur *om*. L | est[2] ... Filio[2]] etc. P
338 consequentis *om*. P | infertur] sequitur P   339 antecedentis *om*. P | item] ut L
339-340 consequentiam probo] consequentia patet L   340-342 quia[2] ... grammaticos *om*. L   343 c. *om*. L   345 quod ... etc. *om*. L   347 est[1] *om*. P   347-
348 videtur ... non[1] *om*. P   348 inest] videtur inesse L   351 ergo etc. *om*. L | falsa]
singularis L   352 foret[1]] esset L | foret[2]] esset L   353 Deus[2] ... generat[2] *om*. L |
Deus[3] *om*. L   354 foret] esset L   355 sic[1] *om*. L   356-358 non ... Trinitas] etc. L
359 et *om*. L   359-360 nisi ... Deus] ergo etc. Et ideo L

[36] Concilium Lateranense 4, 11-30 Nov. 1215 [Denzinger and Schonmetzer, *Enchiridion*, p. 262, *805].

Tertio: si sic, tunc forent quattuor personae in divinis, quia arguo sic: omne quod est Deus est rationalis individua substantia, ergo omne quod est Deus est persona. Trinitas est Deus, ergo Trinitas est persona. Sed nulla persona de istis est Trinitas, demonstratis Patre, Filio et Spiritu Sancto, 365 ergo quarta persona est Trinitas. Si negatur maior, contra: omne quod est Deus est substantia intellectualis per se subsistens, et omne tale est persona, ergo Trinitas est persona.

< Solutio dubiorum: Ad primum dubium >

Restat ad ista dubia respondere per ordinem. Ad primum, quando dubitatur de forma syllogismi expositorii, scilicet an sit formalis et 370 generalis et tenens in omni materia, dicendum est quod sic. Ad cuius evidentiam est notandum quod ista tria requiruntur ad formam syllogismi expositorii:[37] primo quod sit ex duabus praemissis singularibus quarum subiecta sint duo pronomina demonstrativa per seipsa vel terminus communis determinatus per tale pronomen sic dicendo: iste homo currit. 375 Secundo requiritur quod illa duo pronomina demonstrent unam rem numero, quae sic sit una numero quod non sit multae res et quaelibet illarum, nec idem alicui quod est multae res et quaelibet illarum, quod dico quia omne continuum est multae res, sed non est aliqua illarum, sicut totum est suae medietates simul acceptae secundum opinionem de toto et 380 partibus quam teneo veriorem, sed non est aliqua medietatum. Deus, autem, est plures res quia plures personae, et etiam quaelibet illarum, et sic intelligit Ockham, licet minus distincte hoc exprimat.

L J4va   Tertio requiritur // ad formam syllogismi expositorii quod habeat dispositionem tertiae figurae, cuius ratio est quia de natura syllogismi 385 expositorii est ut demonstrando exprimat medium terminum subiectum in

---

361 tunc forent] essent L | in *om.* L | divinis *om.* L | arguo sic *om.* L   362 est²] et L | individua] naturae in divina L   362-363 ergo ... Deus¹ *om.* L   363 Trinitas est² *om.* L   364 demonstratis] demonstrato L   365 quarta persona] quattuor personae L | negatur] negetur L   368 dubia *om.* P | per ordinem *om.* L   368-369 quando dubitatur *om.* L   369-370 expositorii ... materia *om.* L   370-371 est ... notandum *om.* L   373 sint] sunt L   373-374 per ... currit] cum aliquo termino communi L   375 illa ... pronomina] ipsa L   376 numero² *om.* L | multae res] plura L   377 alicui] sic acceptum L   378 multae] plures L   379-380 secundum ... medietatum *om.* L   382 sic ... exprimat] ideo cetera P   383 ad ... expositorii *om.* L   384-385 syllogismi expositorii] eius L   385 ut ... exprimat] quod deducendo ponat L

[37] The following discussion closely follows the definition of the expository syllogism given in Ockham's *Summa logicae* 3.1.16, in *Opera philosophica* 1: 403-405.

P 210vb maiori // et in minori, et illa sola est dispositio tertiae figurae. Unde licet
iste discursus sit bonus: iste homo currit, album est iste homo, ergo album
currit, quia potest reduci ad syllogismum expositorium per conversionem
minoris; tamen non est proprie syllogismus expositorius quia non est ex
390 singularibus. Vel licet possit dici expositorius, non tamen ita proprie, sicut
quando in praemissis sunt duo pronomina demonstrantia eandem rem
numero quae non sit plures res et quaelibet illarum, nec idem alicui quod
est plures res et quaelibet illarum. Unde iste syllogismus est propriissime
expositorius: iste homo currit, iste homo est albus, ergo album currit, et
395 sic de consimilibus.

Ista ergo tria sunt quae requiruntur ad formam syllogismi expositorii,
et haec forma tenet universaliter in omni materia, et sic syllogismus
expositorius numquam potest fieri ex terminis supponentibus pro Deo vel
divina essentia vel divinis personis, quia essentia divina est essentialiter
400 plures res et quaelibet illarum, et quaelibet persona divina, vel notio vel
proprietas, est essentia divina quae est plures.

Causa autem quare ex talibus terminis non fit forma syllogismi
expositorii, est eadem causa quare ex particularibus non fit syllogismus
bonus in quacumque figura, et causa est quia quando sic arguitur: homo
405 currit, homo est albus, ergo album currit, subiectum in maiori supponit
pro uno supposito, videlicet pro Platone, et subiectum in minori pro Sorte,
et ideo nihil inde concluditur. Eodem modo est hic: haec essentia est
Pater, haec essentia est Filius, ergo Pater est Filius. Maior posset verificari
de una re et minor pro alia, et ideo nihil inde concludi potest. Sicut si
410 eadem humanitas numero foret Sortes et Plato, et simul cum hoc Sortes et
Plato essent plures homines per impossibile, tunc iste syllogismus non
valeret: haec humanitas est Sortes, haec humanitas est Plato, ergo Sortes
est Plato, quia maior foret vera pro uno supposito, et minor pro alio. Et
manifestum est quod nulla habitudo foret concludere, etc., quia maior
415 extremitas inest termino supponenti pro una re, et minor eidem termino
supponenti pro alia re, et ideo maior extremitas non inest minori.

386 in *om.* L | minori] in praemissis *add.* L | illa sola] ita solum L   386-
395 unde ... consimilibus *om.* L   396 ista ergo] sic igitur ista L | sunt quae *om.* P
397 universaliter] uniformiter L | omni] quacumque L | et sic] secundum ista L
398 potest] posset L   399 vel ... personis *om.* L | essentialiter] realiter L
400 illarum ... quaelibet[2] *om.* L   400-401 vel[1] ... plures *om.* L   402-403 fit ...
expositorii] posset fieri syllogismus bonus L   403 causa] cum illa L | fit] posset fieri L |
syllogismus *om.* P   404 causa est *trp.* L | quia *om.* L   405 albus] Sortes L | album]
Sortes L | in maiori] maioris L   406 in minori] alterius L | Sorte] alio L   407 inde
om. L | concluditur] sequitur P   407-409 eodem ... potest *om.* P   409 sicut] similiter
L   410 foret] esset L   412 Sortes[2]] Plato P   413 Plato] Sortes P | foret] esset L |
uno supposito] una re L | alio] alia L   413-416 et[2] ... minori] ideo non concluditur L

Ex istis patet ad primam formam in primo dubio, quia in exemplis illis non est syllogismus expositorius sed fallacia accidentis, sicut in syllogismo in quo arguitur ex indefinitis vel ex particularibus et non ex singularibus
420 talibus quales requiruntur ad formam syllogismi expositorii.

Ad secundam de propinquitate et distantia, dicitur uno modo quod haec propinquitas est haec distantia, demonstrato spatio intercepto inter duo corpora. Et quando arguitur ulterius: propinquitas est distantia, ergo maior propinquitas est maior distantia, dicitur ad istud negando con-
425 sequentiam, sicut nec est verum: homo est faber, ergo melior homo est melior faber. Sed bene conceditur quod est aliquid maius, sicut lapis molaris est maior margarita, et utrumque istorum est bonum, non tamen lapis molaris est maius bonum nec maius non-bonum. Bene est aliquid maius. Eodem modo haec propinquitas est maius spatium, sed non est
430 maior propinquitas nec maior non-propinquitas.

Sed ista responsio non videtur conveniens, nam concedit quod spatium interceptum est propinquitas sive distantia, sicut ipse concedit. Pono ergo
P 211ra quod inter A et B // sit maius spatium quam prius fuit, quod sit C, et sit D spatium quod est modo inter A et B, et arguo sic: D est maius spatium quam
435 C, ergo haec propinquitas demonstrata D, est maior quam illa demonstrata C, et ultra, ergo propinquitas maior est distantia maior. Vel sic expositorie:
L J4vb hoc spatium est maius, hoc spatium est haec propinquitas, ergo // haec propinquitas est maior.

Item exemplum suum est contra seipsum quia demonstrato magno
440 lapide et margarita, arguo sic: hoc est maius, hoc est bonum, ergo hoc bonum est maius. Verum est quod iste discursus non valet de forma: hoc est bonum et hoc est maius, ergo est maius bonum, sicut non sequitur: iste est clericus, et iste est melior, ergo iste est melior clericus. Sed bene sequitur quod iste melior est clericus, et sic sequitur in primo exemplo:
445 ergo hoc maius est bonum, et sic et non aliter fit conclusio ex maiori et minori.

417-420 quia ... expositorii *om.* L   421 et] de *add.* L | quod *om.* L   425 verum] valet P   425-426 sicut ... faber *om.* L   426 conceditur] concedit P | aliquid] aliquod P   426-428 sicut ... non-bonum] sed nec est maior propinquitas nec maior non-propinquitas, sicut nec est aliquid magis bonum. Sed L   428 maius[1]] magis P   429 maius[1]] bonum *add.* L | haec] hic L | est[1]] bene *add.* L | maius[2] *om.* P   430 nec] est *add.* L   431 concedit] concedo L   432 sive] et similiter L   433 fuit *om.* P   434 spatium[2] *om.* P   435 quam *om.* L   436 propinquitas maior *trp.* L | distantia maior *trp.* L | vel] similiter L   441 maius] bonum *add.* L   441-442 hoc ... bonum[2] *om.* L   443 bene *om.* L   444 quod] ergo L | est clericus] clericus est est melior P   444-446 et ... minori *om.* L

Et ideo ad argumentum potest dici sicut prius tenendo quod illud spatium sit propinquitas et distantia inter aliqua, et concedo ulterius quod maior distantia est propinquitas maior, sed nego ulterius istam
450 consequentiam: propinquitas istorum maior est, ergo ista sunt propinquiora, sicut ponendo quod similitudo sit albedo, non sequitur: ista similitudo est maior, ergo iste est magis similis, quia pono quod Sortes et Plato sint aeque intense albi primo, et postea quod albedo in Sorte intendatur in duplo intensior quam ante. Tunc manifestum est quod haec
455 similitudo est maior et intensior quam ante, et tamen Sortes fuit prius magis similis quam nunc est.

Unde ista consequentia est neganda: propinquitas inter illa est maior, ergo illa sunt magis propinqua. Immo, si propinquitas inter illa foret minor quam est, tunc forent illa magis propinqua. Unde debet concedi
460 quod propinquitas est maior, sed non sequitur ultra; ergo maior propinquitas. Et si arguitur contra: aut est maior propinquitas aut maior non-propinquitas, dicendum quod neque sic neque sic quia non fit divisio per opposita, sed debet divisio sic fieri aut est maior propinquitas aut non est maior propinquitas, et illa est vera.

465 Similiter, si teneretur quod propinquitas nihil aliud est quam res propinqua vel res propinquae, et distantia nihil aliud est quam res distantes, tunc manifestum est quod consequentia non valet: ista distantia est maior, ergo magis distant, quia si Sortes augeatur sine hoc quod elongetur a Platone, tunc Sortes distans est ista distantia, et Sortes est
470 maior, ergo distantia est maior, et tamen non magis distat a Platone nunc quam prius. Similiter, ponatur quod uterque augeatur sine elongatione a seinvicem, quia augeantur in altitudine vel versus partes remotiores in eis et non secundum partes propinquiores.

Aliter posset dici ad argumentum a principio tenendo quod nulla res est
475 propinquitas. Unde talia abstracta de terminis syncategorematicis pro nulla re supponunt sicut nec termini a quibus subtrahuntur. Unde sicut

447 sicut prius *trp. p.* tenendo L   448 sit] est L | et[1] ... aliqua *om.* L | concedo *om.* L
449 istam *om.* P   450 istorum ... est *om.* P   450-451 propinquiora] magis propinqua L   453 intense *om.* P | primo ... quod] et consequenter L   454 intensior *om.* L | ante] fuit et *add.* L   455 et intensior *om.* L | et tamen] fuit tunc L | prius *om.* L
457-459 unde ... propinqua *om.* L   460 quod ... non] maior propinquitas, nam L | ultra *om.* L | ergo] est *add.* L   461 arguitur ... aut] arguatur vel L   461-462 propinquitas[2] ... non-propinquitas] vel minor L   462 fit] est L   463 divisio ... fieri] sic dividi L | propinquitas *om.* L   465 aliud *om.* L | quam] nisi L   466 vel ... propinquae *om.* L | est *om.* L   467 distantes] distans L | non] ista nihil L   470 et *om.* L | nunc *om.* L
471-473 similiter ... propinquiores *om.* L   474 ad argumentum *trp. p.* principio L | a] in L

iste terminus "prope" de nulla re praedicatur, sic nec iste terminus "propinquitas," et eodem modo de distantia dicendum est.

Similiter, si dicatur quod est abstractum de isto termino "propinquus,"
480 v e l nihil significabit vel significabit idem quod propinqua, et sive uno
P 211rb modo dicatur // sive alio, haec est neganda: hoc spatium est haec propinquitas, sed illa propinqua sunt, et illud propinquum est illa propinquitas,
utroque demonstrato. Connotatur tamen per illum terminum quod inter
propinqua sit parva distantia et eodem modo de remotione et de re remota,
485 sed importatur per terminum quod inter ea quae dicuntur remota sit
magna distantia, hoc est, multum distent.

De istis ergo melior modus eligatur, quia de re nulla est difficultas, sed
tantum de logica et modo loquendi.

Ad tertiam formam huius dubii, quae est de hoc insolubilii: Sortes dicit
490 falsum, quia ponatur quod Sortes dicat tantum istam: // falsum est dictum
L J5ra a Sorte. Arguitur sic: hoc est dictum a Sorte, hoc est falsum, ergo falsum
est dictum a Sorte. Dico quod syllogismus expositorius est verus et bonus,
et praemissae sunt verae, et conclusio similiter.

Et si arguitur contra sic: conclusio est vera et illam praecise dicit Sortes,
495 ergo Sortes dicit tantum verum, dicendum est quod minor est falsa, quia
Sortes dixit unam aliam sibi similem quae fuit falsa pro qua subiectum
conclusionis supponit, et ideo conclusio est vera.[38]

Sed contra: istae duae propositiones: falsum est dictum a Sorte, et
dictum a Sorte est falsum, sunt convertibiles, ergo si una est vera, et
500 reliqua. Dico quod istae propositiones in voce non sunt semper convertibiles, nam si dicant Sortes et Plato simul et semel illas propositiones;
tunc Sortes dicit falsum et Plato dicit verum,[39] et causa est quia propositio

---

477 iste terminus *om.* L   478 eodem ... de] similiter L | dicendum est *om.* L
480 propinqua] propinquitas LP | et] secundo sic L   481 haec[2] *om.* L   482 illud
propinquum *trp.* L | illa] sua L   484 eodem ... re] et inter remota est L   485 ea quae
dicuntur *om.* P   486-488 hoc ... loquendi *om.* L   489 tertiam ... est] tertium L | hoc]
illo L   489-490 Sortes ... falsum[1] *om.* L   490 dicat] dicit L | falsum est *om.* L
491 Sorte] est falsum *add.* L   491-492 arguitur ... Sorte] etc. L   492 verus et *om.* L
    493 praemissae sunt verae] conclusio vera L | conclusio] praemissae L
494 arguitur] arguatur L | sic *om.* L | illam ... Sortes] Sortes dicit illam L   495 tantum
om. L | est[1] *om.* L   496 Sortes] non *add.* L | dixit] illam sed *add.* L | sibi *om.* L |
quae ... falsa] isti L   496-497 subiectum conclusionis *trp. p.* supponit L
499 dictum ... est[1]] Sortes dicit L   500 istae propositiones *om.* L | voce] virtute L
501-502 dicant ... tunc] dicantur a Sorte et Platone, et solum istae: Sortes dicit falsum vel
ego sive Sortes, de prima P   502 verum] et econtra de secunda *add.* P

---

[38] Holcot's initial response to the paradox of the liar follows Ockham's treatment of the
problem given in *Summa logicae* 3.3.46, in *Opera philosophica* 1: 744-746.

[39] Holcot's argument here suggests a step in the progression toward the kind of

quam Sortes dicit denotat se esse veram et se esse falsam, et ideo est falsa,
sed propositio quam Plato dicit est vera quia denotat praecise quod
505 propositio dicta a Sorte sit falsa, et hoc est verum.

Ad quartum, cum concluditur quod voluntas vult et voluntas intelligit,
concedo omnes tales propositiones: intellectus per se vult, et voluntas per
se intelligit, album per se aedificat. Unde syllogismus est bonus, et
conclusio est vera, etc.

510 Ad quintum, conceditur quod haec dualitas est similitudo, et quando
arguitur quod propositio sit falsa quia subiectum est in uno praedicamento
et praedicatum in alio, nego consequentiam, sed bene sequitur quod
propositio non est per se primo modo.

Ad sextum, concedo quod peccatum est a Deo, sed tamen Deus non
515 peccat nec est causa prima quare homo peccat, et ideo non est auctor
peccati.

Ad septimum, quando arguitur de toto et partibus, dico quod iste
discursus non valet, tum propter aequivocationem pronominis "istae" in
medio termino cum dicitur "istae partes," nam in prima accipitur divisive,
520 in secunda collective; tum etiam quia non servatur forma syllogistica, sed
sunt quattuor termini in syllogismo, nam si esset forma debita, deberet sic
argui: istae partes sunt componentes hoc totum, istae partes sunt ipsum
totum, ergo ipsum totum est componentia ipsum totum, et tunc est
conclusio vera.

525 Ad octavum, quando arguitur: hoc est volitum a te, demonstrato hoc
quod est esse in luto cum centum marcis, et hoc est esse in luto, ergo esse
in luto est volitum a te; potest uno modo probabiliter dici quod utraque
propositio est falsa, quia quaero quid demonstratur per subiectum maioris
quando dicitur: hoc est volitum a te. Si dicatur quod demonstratur hoc
530 complexum: quod est esse in luto cum centum marcis, falsum est, quia

probabiliter

---

503 se esse² *om.* L   504 quam ... quia] Platonis L | praecise *om.* L   505 dicta ...
sit] quam Sortes dicit est L   506 cum] quando L | quod *om.* L   507 propositiones *om.*
P | vult et] intelligit L   508 intelligit] vult L | album ... aedificat *om.* L   509 etc. *om.*
L   511 sit] est L   512 sequitur] ex hoc *add.* L   514 sed] et L | Deus *om.* L
515 peccat nec *om.* L | prima *om.* L   517 et] de *add.* L   518 tum *om.* L | aequi-
vocationem] illius *add.* L | istae *om.* P   519 divisive] et *add.* L   520-524 tum ... vera
om. L   527 probabiliter *om.* L   528 demonstratur] denotatur L   529 demonstratur
om. L   530 cum ... marcis *om.* L

---

objections John Buridan raised against Ockham on the liar. See E. A. Moody, *Truth and
Consequence in Medieval Logic*, Studies in Logic and the Foundation of Mathematics
(Amsterdam, 1953), pp. 103-104, for a discussion of Buridan's *Sophismata* 8.7.

hoc complexum non est volitum a te. Si dicatur quod demonstratur
significatum illius complexi, quaero quid est illud significatum. Manifestum est quod nulla res est illud significatum totale illius complexi. Unde
quocumque demonstrato vel quibuscumque demonstratis, haec est falsa:
535 hoc // est volitum a me, nisi demonstretur pecunia, et tunc est minor
P 211va falsa, quia pecunia non est "esse in luto."

Similiter dato quod subiectum maioris supponeret pro eo quod est esse
in luto cum centum marcis, tunc foret minor falsa, quia haec est falsa:
demonstrato hoc complexo: quod est esse in luto cum centum marcis, est
540 hoc complexum: esse in luto. Et haec similiter falsa esset: Sortem esse
hominem esset Sortem esse animal, et haec similiter: Sortem esse in domo
est Sortem esse in loco, et omnes consimiles falsae sunt de virtute
sermonis, sed accipiuntur in usu loquentium pro actibus signatis talibus;
ad Sortem esse hominem sequitur Sortem esse animal, hoc est, ad istam
545 propositionem: Sortes est homo, sequitur ista: Sortes est animal, et sic de
aliis.[40]

L J5rb Aliter posset dici de virtute sermonis // quod si praemissae sint verae,
quod conclusio est concedenda, quia ista consequentia est bona ad
virtutem verborum: volo esse in luto cum centum marcis, ergo volo
550 esse in luto, quia quicumque vult ita esse sicut denotatur per unam
copulativam, vult ita esse sicut per quamlibet eius partem denotatur.
Modo de virtute verborum, antecedens debet exponi per unam copulativam, istam videlicet: volo esse in luto et habere ibi centum marcas
mecum, et per consequens quicumque vult esse in luto cum centum
555 marcis, vult esse in luto.

Sed illi qui negant illam consequentiam exponunt eam aliter per unam
conditionalem, scilicet: si mihi darentur marcae ut essem in luto, vellem

---

531 complexum *om.* L   532 significatum[2] *om.* L   533 illud significatum]
subiectum L   534 vel ... demonstratis *om.* L   535-536 hoc ... luto *om.* L   537 dato
om. P | supponeret] supponit L   538 cum ... marcis] etc. P | foret ... quia *om.* L |
falsa[2]] videlicet minor *add.* L; hoc *add.* P   539 quod est *om.* L | est[2]] et non L   540-
546 et ... aliis] debet demonstrari L   547 posset] potest L | quod *om.* L   548 quod
om. L | quia ... consequentia] ita quod illa via L   549 virtutem] formam L
550 quicumque] quicquid L   551 quamlibet] utramque L | eius partem *trp.* L
552 verborum] vocis L | antecedens *trp. p.* exponi L | unam] istam L   553 istam
videlicet *om.* L | ibi *om.* L   553-554 centum marcas *trp. p.* mecum L
554 quicumque] qui L   555 esse *om.* P   556-563 sed ... bona *om.* L

---

[40] Cf. Ockham, *Summa logicae* 3.4.13, in *Opera philosophica* 1: 836. For Ockham's
view on *actus exercitus et signatus* see *Summa logicae* 1.66, in *Opera philosophica* 1: 202-
204.

esse in luto, et tunc in isto sensu manifestum est quod consequentia non valet. Unde ponunt unam categoricam pro una conditionali, et notum est
560 quod ex conditionali non sequitur consequens, quia conditionalis nihil ponit, sicut communiter dicitur, hoc est dictu, nec ponit suum antecedens esse verum nec suum consequens, sed tantum denotat quod inter antecedens et consequens sit consequentia bona.[41]

Ad nonum, quando arguitur: tu vis credere hanc propositionem, et
565 credere hanc propositionem est errare, ergo tu vis errare, dicitur uno modo concedendo conclusionem, vel aliter distinguendo conclusionem secundum compositionem et divisionem sicut distinguimus istam: tu scis Sortem currere. Ponatur quod videas Sortem currere et nescias an sit Sortes. In sensu composito propositio est falsa, quia denotatur quod haec
570 sit scita a te: Sortes currit. In sensu vero diviso denotatur quod scias illum currere qui est Sortes. Sic in proposito de ista: tu vis errare, illo casu posito, est falsa in sensu composito, quia tunc denotatur quod haec sit volita a te: tu erras, hoc est, quod tu apprehendas talem propositionem mentalem: hoc est error et velis sic esse in re, sicut per hanc denotatur, et
575 hoc est falsum. Sensus autem divisus est verus, et est iste: tu vis credere hanc propositionem esse veram, et hoc est te errare, et sic est conclusio vera.

Ad decimum potest dici eodem modo quod conclusio est distinguenda, et est vera vel falsa sicut conclusio praecedens.
580 Aliter posset dici tam ad decimum quam ad nonum, quod praemissae sunt falsae, et omnes tales propositiones affirmativae quarum subiecta vel praedicata sunt verba vel dicta propositionum, sicut tales: fornicari est mereri poenam aeternam, credere hominem esse asinum est errare, sed in usu loquentium isti actus exerciti accipiuntur communiter pro actibus
585 signatis, sicut superius ad octavum dictum est.[42]

---

564 quando arguitur *om.* L | et] te *add.* P   565 dicitur] dico L   566 concedendo conclusionem] negando consequentiam in isto casu posito L | vel *om.* L | conclusionem²] consequens P   568 videas] vides L | currere ... an] currentem sed nescis quod L 570 sit] est L | Sortes currit *om.* L | vero *om.* L | scias illum] tu scis istum L   571 est] in rei veritate *add.* L | de ista] haec propositio L | illo] in L   573-577 hoc ... vera] et dicitur hic sicut de alia L   575 iste] tu vis *add.* P   579 est *om.* L   580 posset] potest L | decimum] nonum L | nonum] decimum L   581 falsae] affirmativae L | propositiones] sunt *add.* L   582 tales] propositiones *add.* L   583 asinum] album L 584 communiter *om.* L   585 superius *om.* L | est] fuit L

---

[41] Ockham, *Summa logicae* 3.4.13, in *Opera philosophica* 1: 837.
[42] For an explanation of *dicta propositionum*, see Ockham, *Summa logicae* 2.9, in *Opera philosophica* 1: 273-275.

< Ad secundum dubium >

Ad secundum dubium, quando dubitatur numquid de aliqua re creata debeant concedi contradictoria praedicata, cuiusmodi sunt: album, non-album; homo, non-homo; currere, non-currere, et huiusmodi, etc.,
590 dicendum est quod per verbum substantivum mere de praesenti numquam de re creata debent concedi contradictoria praedicata; per verbum
P 211vb autem de praeterito et de futuro manifestum est // quod sic, sicut patet: Caesar fuit albus, Caesar fuit non-albus; Sortes erit currens, Sortes erit non-currens. Sed de re quae Deus est, oportet concedere secundum fidem
595 contradictoria praedicata, quia in istis: Pater est generans, essentia est non-generans, subiecta supponunt pro eadem re, quia quodlibet quod est Deus est realiter idem cuilibet quod est Deus, et tamen non quilibet qui est Deus est quilibet qui est Deus, quia Pater non est Filius.

Sed contra ista arguo, quia si de re quae est Deus conceduntur contra-
600 dictoria praedicata secundum fidem, habemus concedere contradictoria esse simul vera. Consequentia probatur quia affirmativa de praedicato negato infert unam negativam, sicut sequitur: Sortes est non-iustus, ergo
L J5va Sortes // non est iustus. Ergo si istae sunt simul verae: essentia est Pater, essentia est non-Pater, istae sunt simul verae: essentia est Pater, essentia
605 non est Pater, quae sunt contradictoria.

Dicendum quod fides non obligat ad concedendum contradictoria esse simul vera, sed tamen obligat ad concedendum contradictoria praedicata vera. Unde si concedantur istae esse simul verae: essentia est Pater, essentia est non-Pater, capiendo praedicatum ut negatio infinitet, neganda
610 est consequentia: ergo essentia non est Pater. Unde illa regula: ab affirmative de praedicato infinito, etc., habet intelligi de terminis supponentibus pro rebus quarum quaelibet sic est una quod non est plures et quaelibet illarum, sicut dictum fuit superius de terminis ex quibus < potest > componi syllogismus expositorius.[43] Si autem in hac propositione: essentia

---

587 quando ... numquid] utrum L   588 debeant] debent L   588-589 praedicata ... etc. *om.* L   590 est *om.* P | substantivum] et *add.* P   591 de ... creata *om.* P | debent concedi *trp.* P   592 et de] vel L | manifestum est] patet L | patet *om.* L   593 fuit non *trp.* L   593-594 Sortes[1] ... non-currens *om.* L   594 Deus est *trp.* L   595 praedicata *om.* L   597 realiter idem *trp.* L | quilibet qui] quodlibet quod L   598 quilibet qui] quodlibet quod L   599 ista ... quia *om.* L   600 praedicata *om.* L   601 esse simul *trp.* L   603 sunt] sint P   604 sunt] erunt L   605 quae ... contradictoria *om.* L   606-607 esse ... vera] pura L   607 contradictoria praedicata *trp.* L   608 vera *om.* L | istae] duae *add.* L   609 praedicatum] non Patrem L | infinitet] infinitat L   610-611 ab affirmative *om.* L   611 infinito *om.* L   612 sic *trp. p.* una L | est[2] *om.* P   612-614 et ... expositorius] res L

[43] See pp. 80-81, lines 396-420 above.

615 est non Pater, stet negatio non infinite sed absolute negans, potest dici tunc
quod illa est neganda, nec sequitur tunc: essentia est Filius, ergo essentia
est non Pater, ut praedicatum sit terminus negativus.

Ad argumenta huius dubii quibus probatur quod contradictoria
verificantur per verbum mere de praesenti de aliqua re creata, dicendum
620 est ad primum quod consequentia non valet: hoc est non duplum ad hoc,
ergo hoc non est duplum; ille est non pater Platonis, ergo ille est non-
pater. Unde tales de praedicato negato vel infinito sunt falsae omnes:
Sortes est non-pater posito quod habeat filium; hoc est non-duplum
demonstrato quolibet toto quia omne totum est duplum. Unde affir-
625 mativae sunt verae, et negativae sunt falsae, et sic patet ad primum et secundum.

Ad tertium, quando arguitur: hoc est album et non-album, demonstrato
uno scuto cuius una medietas est alba, etc., dicendum quod haec potest
esse copulativa vel de copulato extremo. Si sit copulativa, est sensus
630 divisus et falsus; si de copulato extremo, est sensus compositus et verus. Et
sic concedendum est quod idem corpus est calidum et frigidum, album et
nigrum, quadrangulare et triangulare, propinquum et remotum, sicut
patet. Similiter haec est concedenda: hoc corpus est album et nigrum
secundum eandem partem, et calidum et frigidum secundum eandem
635 partem. Sed idem corpus non potest esse album et nigrum secundum
quamlibet sui partem. Quod autem corpus sit album et nigrum secundum
eandem partem, manifestum est capiendo corpus cuius una medietas est
alba et alia nigra. Significando tamen partem modicam circa locum ubi
copulantur album et nigrum, quae est pars partim in albo et partim in
640 nigro, haec est vera: hoc totum secundum hanc partem est album et
nigrum, ut est de copulato extremo.

Ad quartum, patet, sicut ad primum et secundum, quia non habet aliam
difficultatem.

615 stet] stat L | infinite] infinitans L | tunc *om.* L   616 tunc *om.* L   617 ut ...
negativus *om.* L   618 huius] illius L   618-619 quibus ... creata *om.* L   620 est[1] *om.*
P | quod] illa *add.* L   621 est non[1] *trp.* L | ille[2] *om.* L | est non[2] *trp.* L   622 negato ...
infinito] negante L   623-624 Sortes ... duplum *om.* L   625 et[1] *om.* L | sunt[2] *om.* L |
et[2] *om.* L | sic *om.* L   627 et] hoc *add.* L | non] est *add.* L   628 uno *om.* L | cuius ...
alba *om.* L | haec] est distinguenda quia *add.* L   629 est] et L   630 et[1]] erit L | si] sed
P | est] etiam L | et[2]] erit L   632-641 quadrangulare ... extremo *om.* L   642 patet *om.*
L | quia] dicendum est L | non] enim *add.* L

⟨Ad tertium dubium⟩

645   Ad tertium dubium, quando quaeritur quare haec non conceditur: Deus
non generat, cum videatur esse una indefinita habens duas singulares
veras, dicendum est quod apud theologos non accipitur pro una indefinita,
P 212ra sed magis pro una singulari supponente pro persona absolute, // de quo
dicetur in solutione ultimi dubii. Unde aequivalet isti: nihil quod est Deus
650   generat. Si autem placeret eis dicere quod iste terminus "Deus" est vere
terminus communis faciens propositionem in qua subiicitur indefinitam,
ratio posita in illo dubio bene procederet et concluderet verum. Sed cum
iste terminus "Deus" non sit nomen commune sive denominativum, nec
sicut transcendens nec sicut genus nec sicut species, sicut probat
655   Augustinus, in libro *De Trinitate*,[44] non videtur rationabile quomodo
possit facere propositionem indefinitam vel esse terminus communis, nisi
sit aliqua communitas termini alia ab istis praenominatis. Sic saltem sit
L J5vb dictum ad istud dubium. //
     Qui autem vult dicere quod iste terminus "Deus" sit terminus com-
660   munis, potest concedere hanc: Deus non generat Deum, sed ecclesia vitat
propter haereticos, vel propter usum communem quo Deus concipitur
supponere pro tali persona absoluta quae est eadem realiter cuilibet
personae et omnibus tribus simul.

⟨Ad quartum dubium⟩

665   Ad quartum dubium, quando quaeritur quare ecclesia negat tales propositiones: essentia generat, essentia generatur, potest dici, sine assertione
tamen, quod non negantur propter aliquam rationem naturalem
cogentem, sed sicut revelatum est ecclesiae de re quae Deus est, quod est
realiter una et tres, ita revelatum est ecclesiae quibus propositionibus debet
670   uti in loquendo de Trinitate et similiter quibus terminis.

---

646 videatur] videtur L | habens] habemus L   647 accipitur] sumitur L | una *om.* L
     648 una *om.* L | quo] qua L   649 unde] et ideo L   652 posita *om.* L | in ... dubio
trp. p. procederet L | et ... verum *om.* L | cum] tamen L   653 sit ... sive] sic cum non sit
L | nec] ut L   654 transcendens ... sicut *om.* L | probat] sanctus *add.* L   655 in *om.* P
| libro *om.* L   656 possit] posset L   657 aliqua] alia P | praenominatis] quattuor
praenumeratis L | sic] tamen L | sit] sic L   658 dictum] est *add.* L   659 qui] quod L
| autem *om.* L | sit] est P   660 hanc] negativam *add.* L   661 propter[2] *om.* L
662 eadem *om.* L | realiter] idem *add.* L   663 et ... simul *om.* L   666 essentia
generatur *om.* L   667 tamen *om.* L | non *om.* P   668 Deus est *trp.* L   669 realiter]
res L | et tres] etiam L   670 uti *om.* P

---

[44] Augustine, *De Trinitate* 7.6 (ccl 50: 261, line 1 - 265, line 117), discusses the
essence and persons in relation to the concepts of genus and species.

Sicut credimus quod sanctis patribus revelatum est quod uti debemus hoc nomine "persona" quando quaeritur quae tria vel quae tres, debemus enim dicere quod Deus est tres personae, et sic est revelatum ecclesiae quod istae debent negari: essentia generat, essentia generatur.

675 Rationes tamen a doctoribus assignantur quae valde parum movent. Dicit enim Scotus quod quando subiectum est abstractum ultimata abstractione et praedicatum ex sua ratione non potest praedicari nisi formaliter, non potest esse propositio vera nisi propositio sit vera primo modo dicendi per se. Modo iste terminus "essentia" est abstractus ultimata
680 abstractione, et hoc praedicatum non potest praedicari nisi formaliter, quod est: generat vel generatur.[45]

Ockham dicit quod aliqua sunt praedicata quae solum verificantur de illis terminis de quibus immediate dicuntur, sicut "distingui ab alio," "producere," "generare," "produci," "generari," "spirare," "spirari," et
685 huiusmodi. Quia isti termini non possunt immediate praedicari in divinis nisi de suppositis, ideo non praedicantur de essentia, quia de nullo praedicantur nisi de quo immediate praedicantur.[46]

Tertio potest dici quod si istae propositiones admitterentur, denotaretur quod essentia foret ab aliquo quod est Deus, quod est impossibile.

690 Ad primum argumentum in oppositum huius, quando arguitur: essentia divina est Pater, ergo essentia divina est generans, dicunt ad antecedens antiqui theologi, sicut Alexander, Sanctus Thomas, Autissiodorensis, quod antecedens est distinguendum eo quod praedicatum potest accipi substantive vel adiective.[47] Primo modo propositio est vera, quia

---

671 credimus ... patribus *trp. p.* revelatum L | quod[1] *om.* L | est *om.* L   673 Deus est *om.* P   675 movent] monent P   676 enim *om.* P   678-679 nisi ... se *om.* L 679 modo[2] *om.* P | est] terminus *add.* L   681 vel generatur] quare etc. L   682 dicit quod] tenet sic L   683 dicuntur] dictum est L   684 spirare spirari *om.* L 685 huiusmodi] unde *add.* L | possunt ... praedicari] praedicantur L | divinis] immediate *add.* L   688-689 tertio ... impossibile *om.* L   690 arguitur] arguebatur L   692- 693 sicut ... Autissiodorensis *om.* L   693 antecedens *om.* L   694 quia] et L

---

[45] John Duns Scotus, *Ordinatio* 1.5.1.unica, in *Opera omnia*, ed. Charles Balič, vol. 2 (Vatican City, 1950), pp. 17, line 15 - 18, line 5.

[46] William of Ockham, *Scriptum in librum primum Sententiarum: Ordinatio* 1.5.1, in *Opera theologica*, ed. Girardus Etzkorn, vol. 3 (St. Bonaventure, N.Y., 1977), pp. 36, line 18 - 38, line 5.

[47] William of Auxerre, *Summa aurea in quattuor libros Sententiarum* 1.3.7 (Paris, 1500; repr. Frankfurt, 1964), fol. 7va-7vb, uses this distinction in a related context. Alexander of Hales, *Summa theologica*, pars 1, inq. 2, tract. un., tit. 1, c. 3, art. 1, solutio (vol. 1 [Rome, 1924], fol. 425b), does not use the exact terminology found in Holcot, but makes the same distinction. Thomas Aquinas, *Commentum in quatuor libros Sententiarum* 1.5.1.1.ad tertiam, in *Opera omnia*, vol. 6 (Parma, 1852-1873; repr. New

695 denotatur quod essentia est illa persona quae est Pater. Secundo modo est falsa, quia denotatur per illam quod praedicatum ponat suum significatum formaliter circa essentiam, et sic est falsa.

Eodem modo ad consequens, unde per istam: essentia est generans, si li generans sumatur adiective, intelligitur quod haec essentia generat; si
700 substantive, essentia est persona generans.

Ulterius, quando arguitur sic: essentia divina est res generans, ergo essentia divina est generans, potest dici ad consequens sicut dictum est. Aliter dicitur negando consequentiam.

Et ad regulam, quando dicitur quod a determinabili sumpto cum
705 determinatione, etc., est consequentia bona, sive arguatur ad determina-
P 212rb bile per se sumptum sive ad // determinationem per se sumptam, quando sic est quod determinatio non est distrahens nec diminuens, etc., dicitur quod hoc non est verum, sed generaliter consequentia est bona ad determinabile per se sumptum absolute, sed non oportet quod valeat ad
710 determinationem per se sumptam, et ideo ista consequentia est bona: essentia est res generans, ergo essentia est res, sed non sequitur: ergo est generans, sicut non sequitur: iste $<$ est $>$ bonus faber, ergo est bonus, sed bene sequitur: ergo est faber.

Aliter respondet Ockham negando antecedens, quia, secundum eum,
715 quando ita est quod praedicatum in propositione affirmative est
L J6ra determinabile sumptum cum determinatione, requiritur // veritas trium propositionum, quia requiritur quod determinatio praedicetur vere de determinabili, et quod tam determinatio quam determinabile vere praedicentur de principali subiecto. Unde ad veritatem istius proposi-
720 tionis: Sortes est homo albus, requiritur quod quaelibet istarum sit vera: Sortes est homo, Sortes est albus, et homo est albus. Et ita ad veritatem istius: essentia est res generans, requiritur veritas cuiuslibet istarum:

---

695 est[3] *om.* L   696 per illam *om.* L | ponat] istud praedicat L   697 sic *om.* P | falsa] falsum L   698 istam] illam P   699 quod *om.* L   700 persona] quae est res *add.* L   701-702 ulterius ... ad] potest dici distinguendo L   703-713 aliter ... faber *om.* L   714 negando antecedens *om.* L   717 vere *om.* L   719 principali *om.* L   721 et[2] *om.* L   722 cuiuslibet] omnium L

York, 1948), p. 53a, does use the terms substantive and adjectival predication. See Michael Schmaus, *Der "Liber propugnatorius" des Thomas Anglicus und die Lehrunterschiede zwischen Thomas von Aquin und Duns Scotus*, part 2: *Die Trinitarischen Lehrdifferenzen*, Beiträge zur Geschichte der Philosophie und Theologie des Mittelalters 29 (Münster, 1930), pp. 46-106, for a history of these terms.

essentia est generans, res est generans, essentia est res, quarum prima est falsa, ideo etc.[48]

725   Sed contra hanc responsionem, arguitur primo sic: ista consequentia non valet: iste est optimus clericus, ergo iste est optimus, quia stat quod sit pessimus homo et optimus clericus, nec ad veritatem huius requiritur veritas talium trium propositionum, sicut patet.

Secundo sic: communiter dicitur quod ista consequentia non valet: iste
730 est albus secundum dentes, ergo iste est albus, et hic arguitur a determinabili sumpto cum determinatione ad determinabile per se sumptum. Unde istud est contra utramque responsionem.

Tertio sic: in talibus: iste est bonus faber, iste est bonus citharoedus, Sortes est magnus clericus, sit quod sit parvus corpore, Iohannes est albus
735 monachus, et in talibus consimilibus, non requiritur, etc.

Quarto sic: haec est vera: iste est melior faber totius Angliae, et tamen ad veritatem huius non requiritur quod haec sit vera: iste est melior totius Angliae. Similiter de ista: Sortes est melior clericus totius mundi. Haec est vera, sit ita, tamen non infert istam: ergo est melior totius mundi, vel
740 melior de toto mundo.

Quinto, illud dictum est directe contra Aristotelem, 2 *Peri Hermenias*, c. *ac vero neque unum de pluribus*, ubi docet quod ex coniunctis contingit inferre, et aliquando non.[49] Et idem Ockham in *Summa*, in parte illa quae correspondet libro *Topicorum*, c. 6, dicit quod numquam est consequentia
745 bona generaliter ab aggregato ex determinabili et determinatione ad utramque partem indifferenter, nisi utraque pars praedicetur de toto aggregato.[50]

Et ideo de istis responsionibus prima et antiqua videtur melior,[51] nec est

---

723 essentia ... generans[2] *trp. p.* res[2] L | quarum prima] quare L   724 ideo etc. *om.*
L   725 hanc] illam L   726 iste[2] *om.* L   726-728 quia ... patet *om.* L
729 quod ... valet *om.* L | iste *om.* L   731 ad ... sumptum *om.* L   732 istud] illa
instantia L   733 sic] inferatur L | citharoedus] citharoeda P   734 sit[1]] ita *add.* L
734-735 Iohannes ... monachus *om.* L   735 consimilibus ... etc.] similibus L
736 haec ... vera *om.* L | melior] optimus L | tamen] non oportet *add.* L   737 huius ...
requiritur] illius L | haec ... vera *om.* L | est melior] sit optimus L   738 melior] optimus
L | totius *om.* L | haec *om.* L   739 sit ita *om.* L | ergo ... totius] quod sit optimus L
739-740 vel ... mundo *om.* L   741-743 c. ... non *om.* L   743 idem] contra L | in
Summa om. L | parte illa *trp.* L   744 dicit] enim *add.* L   745 generaliter ab] ex L
748 ideo] sic L | prima ... melior] potest nihil firmum haberi L

---

[48] Ockham, *Ordinatio* 1.5.1, in *Opera theologica* 3: 45, line 5 - 46, line 19.
[49] Aristotle, *De interpretatione* 11.20b15-22.
[50] Ockham, *Summa logicae* 3.3.6, in *Opera philosophica* 1: 602, lines 62-67.
[51] See pp. 90-91, lines 690-700 above.

mirum si in ista materia singulari locutione utamur, quia sermo rei debet
750 esse subiectus secundum Augustinum, 4 *De Trinitate*.[52]

Ad secundum, verum est quod illud quod praedicatur de aliquo potest
supponere pro eodem respectu alicuius praedicati, sed non oportet
respectu cuiuslibet praedicati, et ideo essentia potest supponere pro Patre:
essentia est prima persona in divinis, vel essentia est Pater.

755 Ad tertium, dicendum quod vel illa regula non tenet in divinis vel
propria passio Patris praedicatur de essentia aliquo modo, sed non in
quolibet casu verbi. Bene potest dici quod haec est vera: essentia est
generare, et haec est falsa: essentia generat.

Ad quartum, distinguo istam: essentia est Pater Filii, sicut dictum fuit
760 ad primum argumentum de illa antiqua responsione theologorum.[53] Et ad
probationem antecedentis per conversionem, concedo consequentiam.

Ad quintum, de Ricardo qui videtur damnare eos qui negant
P 212va substantiam gignere substantiam in divinis, etc.[54] // respondendum est
sicut respondet Magister, d. 5, ad consimiles auctoritates Augustini et
765 aliorum,[55] et si forte non sit ad mentem Ricardi, tunc oportet eum negare
propter determinationem ecclesiae in oppositum, quia quantum attinet ad
L J6rb mentem // Augustini et aliorum sanctorum, nisi esset posterior
determinatio ecclesiae, ista posset satis bene concedi: essentia generat
essentiam, et deberet glossari sub ista: Deus generat Deum.[56]

770 De isto articulo expedit se Hibernicus bene breviter per unam talem
distinctionem, quod iste terminus "essentia" potest habere duplicem
suppositionem, videlicet simplicem et personalem. Quando supponit

---

749 ista materia] theologia logica L | locutione *om.* L   750 secundum ... *Trinitate*
om. L   752 oportet] quod *add.* P   754 essentia[1] ... Pater *om.* L   755 dicendum
quod *om.* L   756 Patris *om.* L   757 verbi *om.* L | bene potest] unde posset L |
essentia] Filius L   758 essentia] Filius L   759 istam] illam P | Filii *om.* L   761 per
conversionem *om.* L   762 Ricardo qui] auctoritate quae L   763 substantiam[1]] Patrem
P | etc. *om.* L   763-764 est sicut] ut L   764 d. 5] in 2 L   764-765 Augustini ...
aliorum *om.* L   765 Ricardi] Augustini L | eum] eas L   766 in oppositum *om.* L
769 sub] sicut L | Deum] unde *add.* L   770 expedit] expedivit L | Hibernicus *trp. p.*
breviter L | bene *om.* L   771 distinctionem] dicit enim *add.* L   771-772 duplicem ...
videlicet] diversitatem suppositionum unam L   772 et] aliam *add.* L

---

[52] Holcot appears to confuse Augustine's *De Trinitate* here with that of Hilary. The
phrase "sed rei est sermo subiectus," can be found in Hilary, *De Trinitate* 4 (PL 10: 107c).
Augustine has a similar statement in *De Trinitate* 5.7 (CCL 50: 213, lines 11-14), but uses
quite different wording.

[53] See pp. 90-91, lines 690-697 above.

[54] See pp. 72-73, lines 195-199 above.

[55] Peter Lombard, *Sententiae* 1.5.1.5-17, Spicilegium 1.2: 82, line 4 - 87, line 9.

[56] Augustine, *Contra Maximinum* 2.15.3 (PL 42: 779).

simpliciter, supponit pro natura divina quae est res communis tribus personis. Quando vero supponit personaliter, supponit pro aliqua persona
775 in divinis. Et secundum hoc ipse distinguit hanc propositionem: essentia generat, eo quod subiectum potest supponere simpliciter vel personaliter. Si personaliter, propositio est vera, quia habet unam singularem veram, videlicet istam: Deus Pater generat, et duas falsas. Si simpliciter, propositio est absolute falsa. Et sic utitur Magister isto termino "essentia," 1, d. 5,
780 c. 1: "Hic autem nomine 'essentia' intelligimus divinam naturam quae communis est tribus personis, et tota in singulis," [57] et sic secundum istam suppositionem simplicem determinatur articulus secundum eum.[58] Licet alibi ista logica nihil valeat quia numquam terminus supponit simpliciter nisi quando supponit pro conceptu mentis, tamen si placet hominibus sic
785 loqui, potest valere in terminis quibus utimur de Deo et essentia divina quae est realiter eadem in tribus pro qua oportet habere logicam singularem.

Ad sextum, concedatur quod Filius generatur a substantia, id est a Patre, qui est substantia divina.

790 Ad septimum, quod posse generare attribuitur essentiae, id est Patri, qui est essentia.

Ad octavum, quando arguitur essentia divina non est genita, ergo Deus non est genitus, negatur consequentia. Aliter posset dici quod nisi esset malus intellectus haereticorum, consequens foret una indefinita vera, quia
795 haberet duas singulares veras, quia Pater est Deus non-genitus et similiter Spiritus Sanctus.

Ad nonum, negatur ista: essentia spirat Spiritum Sanctum. Et si quaeratur an aliquid spiret Spiritum Sanctum vel nihil, potest concedi

---

773 natura] essentia L | res *om*. L   774 vero *om*. L | aliqua] una L   775 ipse ... hanc] istam L   776 generat] ipse distinguit *add*. L | vel] et L   779 1 *trp. p*. 5 L
780 autem *om*. P   781 personis *om*. L   782 suppositionem ... eum] expositionem singularem capiendo terminum loquitur decretalis L   783 alibi] autem L | valeat] valet in terminis L   784-785 hominibus ... loqui] omnibus L   785 et ... divina] propter communitatem essentiae divinae L   786 eadem *om*. L | pro] de L | oportet] necesse est L   788 concedatur] concedendum est L   789 qui] quae P | substantia divina] secunda distinctio P   792 arguitur] sic *add*. L   793 posset] potest L | quod *om*. L
794 haereticorum] quod *add*. L | foret] esset L   795-796 similiter *trp. p*. Sanctus L
797 ista] illa P   798 an] utrum L | spiret] spirat L | vel] an L | concedi] dici L

---

[57] Peter Lombard, *Sententiae* 1.5.1.1, Spicilegium 1.2: 81, lines 5-6.
[58] Richard Fitzralph, *In quattuor libros Sententiarum* 1.2.5.3, Oxford, Oriel College Library MS 15, fol. 14rb; Paris, Bibliothèque Nationale, MS latin 15 853, fol. 20rb. Holcot has condensed Fitzralph's argument, but presents it quite accurately.

quod aliquid, quia Deus, et etiam principium Spiritus Sancti spirat
800 Spiritum Sanctum, et Pater et Filius sunt unum principium spirandi
Spiritum Sanctum, sicut allegatur et bene in arguendo, et neganda est
consequentia: ergo essentia spirat, etc.

Ad decimum, quando arguitur: omne generans aliquo generat,
concedo, et dico quod Pater generat seipso, et similiter generat essentia
805 sicut quo generat, et essentia est quod generat quia est Pater. Et haec est
neganda: essentia generat, si subiectum supponat simpliciter.

Ad undecimum, quando arguitur: si Deus genuit Deum, etc., ergo Deus
L J6va dicitur relative // ad Patrem, dicendum est quod iste terminus "Deus" non
dicitur relative ad Patrem, supponit tamen pro Patre, ideo illa propositio
810 est concedenda, et ista similiter: Deus generat divinam essentiam, si pars
praedicati quae est essentia sumatur solum pro Filio.

< Ad tertiumdecimum >, quantum ad rationes Magistri, concedo quod
non demonstrant, sed determinatio ecclesiae sufficit.[59]

Ad duodecimum, respondet Magister, d. 4, quod nec se Deum nec
815 alium Deum, etc.[60]

< Ad quintum dubium >

Ad quintum dubium de contradictoriis, dictum est supra in responsione
ad secundum dubium, quod non.[61] Et ad primam rationem quando
arguitur quod in divinis de eadem re verificantur contradictoria prae-
820 dicata, et quod ita vere contradicant istae duae: Pater generat, essentia non
generat, sicut istae duae, scilicet: Marcus currit, et Tullius non currit,
dicitur quod de terminis supponentibus pro eadem re quae Deus est
praedicantur vere contradictoria praedicata. Hoc tamen non infert contra-

---

799 et etiam] similiter L   800 spirandi *om.* L   801 et[1] ... et[2]] sed L
802 essentia] Spiritus Sanctus L | etc. *om.* L   803 aliquo generat] etc. L
804 similiter] sic L   805 quo] qua L | generat[1]] essentia *add.* L | generat[2]] generatur L
| haec] cum quaeritur etc. L   805-806 est neganda *trp.* L   807 arguitur ... ergo]
dicitur quod L   808 est *om.* P | quod] quando *add.* L | non *om.* L   809 ad Patrem
om. L | tamen *om.* L   809-811 ideo ... Filio *om.* L   812 Magistri] quae ponuntur pro
duodecimo argumento *add.* L   813 sufficit] fuit sic et definito L   814-815 ad ... etc.
om. L   817-818 de ... dubium] dicitur P   818 quando] quod P   819-822 de ...
quod] contradictoria etc., verum est L   823 praedicantur vere] verificantur L |
praedicata] pura L

---

[59] Peter Lombard, *Sententiae* 1.4.1.1, Spicilegium 1.2: 78, lines 6-10.

[60] The manuscripts appear to have become garbled at this point. The thirteenth
objection contains a list of arguments taken from Peter Lombard. Holcot's response seems
to be contained in lines 812-813, out of sequence, since it precedes the response to the
twelfth objection.

[61] See pp. 87-88, lines 587-643 above.

P 212vb dictoria esse simul vera. Licet concedamus aliquas // propositiones ex
825 quibus videntur sequi contradictoria, non tamen concedimus contradictoria, quia negamus consequentias omnes quibus probantur contradictoria esse simul vera. Unde eadem fide qua tenemus istas esse simul
veras: Pater generat, essentia non generat, credimus quod ista contradictoria non sequuntur ex eis: aliqua res generat, et illa eadem non
830 generat, et tamen dicimus quod Pater et essentia sunt una et eadem res
simplex. Et ideo non accipiuntur ita quod contradicunt istae: Pater
generat, essentia non generat, sicut istae duae: Marcus currit, et Tullius
non currit, nam istae duae non possunt esse simul verae, et aliae duae sunt
simul necessariae. Et si arguitur quod subiecta supponunt pro eadem re, et
835 praedicata contradicunt, ergo propositiones inferunt saltem contradictoria,
dicendum quod si in ista negativa: essentia non generat, li essentia
supponat personaliter, satis vera est contradictio; si pro essentia communi,
non. Et sic accipimus terminum quando negamus quod essentia generat.

 Ad secundum, quando arguitur quod fides ponit et praedicat contra-
840 dictoria in symbolis, sicut Athanasii quando dicitur quod "non sunt tres
aeterni" et tamen "sunt coaeterni," potest dici ad mentem doctorum et
consimilium quod, in rei veritate, tres personae sunt unus aeternus et non
tres aeterni, et tamen tres sunt coaeternae et coaequales, et illa non plus
repugnant quam dicere quod Deus est tres personae et unus Deus. Unde
845 quando dicitur: et tamen non tres aeterni, supplendum est "dii," sed unus
aeternus et totae tres personae coaeternae sibi sunt et coaequales, et littera
plana est. Et ista non contradicunt: non sunt tres aeterni, et tamen sunt
tres personae aeternae, unde in isto posteriori versu principaliter intendit
asserere coaequalitatem personarum. Unde dicit quod in hac Trinitate
850 nihil prius aut posterius, nihil maius aut minus, sed totae tres personae,
etc., ita quod affirmatio non cadit super pluralitatem aeternorum vel

---

 824 vera] unde *add.* L | aliquas *om.* L 825-827 non ... contradictoria *om.* P
827 simul[1] *om.* P 828 credimus] etiam *add.* L 829 sequuntur] si dicantur quod
sequitur *add.* L 830-832 et[1] ... duae] ut istae L 832 currit] erit L 833 currit] erit
dicendum quod illud non est verum L | esse simul *trp.* L | aliae *om.* L
834 necessariae] notae L | arguitur] arguatur L | quod *om.* L | eadem re] eodem L
835 propositiones *om.* L | inferunt saltem *trp.* L 836 negativa] essentia generat *add.* L
  837 vera] bene L 838 terminum] tantum L | quod] istam L 840-
841 symbolis ... coaeterni] symbolo, dicendo quod sunt tres coaeterni et tamen quod non
sunt tres aeterni, etc. Firmiter L 841-842 doctorum ... consimilium] conditoris symboli
et de esse credentis L 842 unus] Deus *add.* L 842-843 et ... aeterni *om.* L
843 tres sunt] sunt res personae L | illa] duo *add.* L 845-846 sed ... coaequales *om.* L
  846 et[3]] ita *add.* L 847 ista *om.* L | non[2] ... aeternae *om.* L 848-849 in ... unde
om. P 850 nihil[2] ... personae *om.* L 851 pluralitatem] personarum *add.* L

aequalium principaliter, sed super pluralitatem et aequalitatem et simultatem quae importatur cum dicitur coaeternae et coaequales.

Aliter dicitur secundum Sanctum Thomam quod iste terminus
855 "aeternus" potest teneri adiective vel substantive. Si substantive, non praedicatur nisi in singulari; si adiective, bene in plurali, quia Pater et Filius et Spiritus Sanctus sunt tres aeterni, scilicet tres personae habentes aeternitatem.[62]

< Ad sextum dubium >

860 Ad sextum dubium, quando dubitatur an in Patre // sit aliquid pro-
L J6vb prium Patri constitutivum Patris, distinctum aliquo modo ab essentia divina, et illud dubium continet duos articulos. Unus est an paternitas aliquo modo distinguatur ab essentia divina tanquam aliquid concurrens cum essentia ad constitutionem personae Patris. Secundus articulus est an
865 persona Patris sit aliquo modo constituta.

Quantum ad primum, dico quod paternitas nullo modo distinguitur realiter ab essentia divina, quia si sic, faceret compositionem cum essentia, cum non distinguatur ab ea sicut persona distinguitur ab alia. Similiter non est aliqua res quae est Deus distincta ab alia re quae est Deus nisi sit
870 persona, sed paternitas est Deus, similiter essentia, et ideo nullo modo distinguuntur realiter. Sed an distinguantur aliquo modo posset esse dubium.

Est autem opinio Ockham super *Sententias* 1, d. 2, q. 11, quod inter paternitatem et essentiam est aliquis modus non-identitatis, "et potest dici,
875 ad bonum intellectum, quod distinguuntur formaliter, quamvis non realiter."[63] Qualis autem sit illa distinctio formalis, ipse explanat eadem quaestione ad secundum argumentum secundi dubii. Et sic dicit

---

852 principaliter *om*. L | pluralitatem et *om*. L | et[2] *om*. L   853 simultatem *om*. L | importatur] in illa *add*. L   854 Sanctum *om*. L   855 aeternus *om*. P | teneri] capi L   856 si] sed P | bene ... quia] sic L   857 scilicet] et L   860 dubium *om*. L   861 Patri *om*. P   862 illud] sic P   863 aliquo modo *trp. p.* distinguatur L | divina tanquam] quasi L   864 est *om*. P   867 cum] ab L   868 distinguatur] distinguitur L | sicut] sed L | distinguitur *om*. L   868-872 similiter ... dubium *om*. L   873 est autem] et est L | opinio] argumentum L | *Sententias om*. P   874 paternitatem] Patrem L | essentiam] non *add*. L | non-identitas] identitas L   875 distinguuntur formaliter] formaliter distinguitur L   876-877 qualis ... quaestione *om*. L   877 argumentum] articulum L | secundi *om*. L | et *om*. L | sic dicit *trp.* P

---

[62] Thomas Aquinas, *Summa theologia* 1.39.3.Resp., ed. T. C. O'Brien, vol. 7 (New York, 1976), p. 110.
[63] Ockham, *Ordinatio* 1.2.11, in *Opera theologica* 2: 364, lines 9-10.

"distinctio formalis non est distinctio formarum, sed est aliquorum quorum unum non est formaliter reliquum, de quorum uno vere dicitur quod est aliqua res absoluta // vel respectiva, et de reliquo vere dicitur quod < non > est illa res," [64] sicut essentia distinguitur formaliter quia essentia vere est aliqua res, scilicet Filius, quae res non est Pater.

880
P 213ra

Unde distinctio formalis semper praesupponit identitatem realem illorum quae distinguuntur formaliter, et nullibi est ponenda in creaturis nec in divinis nisi tantum inter naturam et suppositum vel inter essentiam et relationem secundum eundem, quaestione 1, in positione propria ubi reprobat Iohannem Scotum de distinctione formali inter attributa, quia ista distinctio est praecise ponenda propter dicta in sacra scriptura, ex qua sequitur evidenter quod essentia non est formaliter relatio, quia distinguuntur formaliter. Nec est aliud, sicut ipse intelligit distinctionem formalem, nisi quod unum illorum est aliqua res absoluta vel relativa et alterum illorum est aliqua res quae non est illa res, et tamen sunt una res, sicut essentia et Pater sunt una res. Et tamen essentia est aliqua res, quae res non est Pater, ideo oportet dicere quod essentia et Pater distinguuntur formaliter.[65]

Haec est expositio illius termini vulgaris, scilicet "formaliter" secundum Ockham. Est enim quoddam syncategorema usitatum inter theologos a tempore Iohannis Scoti, qui tamen non exponit sic terminum illum, sed per "esse idem formaliter" intelligit esse idem primo modo dicendi per se. Unde secundum eum quando unum praedicatur de alio primo modo dicendi per se, illa sunt idem formaliter. Quando autem aliqua sunt idem realiter, et unum non praedicatur de alio primo modo dicendi per se, unum illorum non est formaliter aliud, sed talia distinguuntur formaliter,

---

878 non *om.* L | formarum *om.* L | sed *om.* L | est² *om.* L | aliquorum] distinctio P
879 non est *trp. p.* formaliter L   879-883 de ... unde *om.* L   883 formalis] autem *add.* L   884 nullibi] nulla L | est] ibi *add.* L   886 eundem] eum L | quaestione ... in] d. 2, q. 2 ponit L | positione] opinionem L | propria] propriam L   887 reprobat] improbat L   888 est *trp. p.* ponenda L | propter dicta] secundum eum L
890 distinguuntur] distinctio L | formaliter *om.* L | nec] non L   891 formalem] esse inter aliqua *add.* P | unum] omnem L | aliqua] alia L   891-892 absoluta ... res²] ab alia L   892 tamen] cum L   893 sicut essentia] Pater L | Pater] essentia L | sunt ... res¹ *om.* L | aliqua] alia L   893-894 quae ... Pater¹] sicut Filius L   896 haec ... formaliter *om.* L | scilicet] si licet P   897 syncategorema] syntagma L   897-898 inter ... tempore *om.* L   899 per *om.* P | formaliter intelligit *trp.* L | intelligit] intellexit L | primo modo *trp. p.* per se L | dicendi *om.* L   900-901 primo modo *trp. p.* per se L
901 dicendi *om.* L   902 unum] tamen *add.* L | alio] per se *add.* L   903 formaliter aliud *trp.* L | sed ... formaliter² *om.* L

---

[64] Ibid., 2: 371, lines 5-10.
[65] Ibid., 1.2.1, in *Opera theologica* 2: 18, line 14 - 19, line 10.

905 et ideo, secundum eum, ista non est per se: essentia est paternitas, quia "per se" praesupponit "de omni," et sic omne quod esset essentia esset paternitas, et sic Filius esset paternitas. Ideo paternitas et essentia distinguuntur formaliter. Similiter quia istae non sunt per se: intellectus est voluntas, sapientia est persona, ens est unum animal rationale, ideo illa importata per subiecta et praedicata in istis distinguuntur formaliter.[66]

910 Sed contra istum modum loquendi, quod nihil movet ad declarationem difficultatis, et similiter quod non sit verum quod dicitur, satis efficaciter arguit Ockham, d. 2, q. 1, et argutum est alibi diffuse.[67] Unde de suo modo intelligendi illud syncategorema "formaliter" pertranseo, et contra modum hunc exponendi arguo, et primo ostendo quod in hoc dicto 915 sententia sua est impropria, secundo quod includit repugnantiam, tertio quod est ficta et frustra adinventa.

Primum arguitur sic: quando dicitur quod ista distinguuntur formaliter, quaero quid demonstratur vel quae res demonstrantur per subiectum istius propositionis: vel una res vel plures res. Si una res, haec est 920 incongrua // quia ponitur plurale pro singulari, deberet enim dici quod ista res distinguitur formaliter a seipsa. Unde sicut haec est incongrua: iste currit, demonstratis tribus hominibus, ita haec est incongrua: isti currunt, demonstrato solo Sorte. Ergo haec est incongrua: ista distinguuntur, demonstrata una sola re.

925 Secundo sic: ipse dicit quod distinctio formalis est distinctio aliquorum quorum unum non est formaliter reliquum, et tunc arguitur sic: omnis distinctio aliquorum est distinctio aliquarum rerum, sed distinctio inter Patrem et essentiam est distinctio aliquorum, secundum eum, ergo est distinctio aliquarum rerum. Ergo Pater et essentia sunt aliquae res 930 distinctae realiter.

L J7ra

---

904 secundum eum] quia L   907-913 similiter ... pertranseo *om.* L   910 quod] qui P   913 et] sed L   914 modum] hunc *add.* L | exponendi] ponendi L | arguo] articulo P | ostendo *om.* L | in ... dicto *om.* L   917 primum arguitur] primo arguo L | quando ... quod] si dicto modo L | formaliter *om.* L   918 demonstratur] demonstraretur L | vel ... demonstrantur *om.* L   919 vel[1]] an demonstraretur L | vel[2]] an L | res[2] ... res[3]] si plures L   920 quia] qua L   921-924 unde ... re *om.* L   926 non *om.* L | et *om.* L | arguitur] arguo L   928-929 distinctio ... rerum] huiusmodi, ergo etc. L   929 Pater] paternitas P | aliquae *om.* L   929-930 res distinctae *trp.* L   930 realiter *om.* L

---

[66] John Duns Scotus, *Reportata Parisiensia* 1.33.2, in *Opera omnia*, ed. Luke Wadding, vol. 22 (Lyon, 1639; repr. Paris: Vivès, 1891-1895), fols. 403b-404a; idem, *Ordinatio* 1.2.2.1-4, in *Opera* 2: 356, line 16 - 357, line 1.

[67] Ockham, *Ordinatio* 1.2.1, in *Opera theologica* 2: 14, line 8 - 20, line 9; idem, *Summa logicae* 1.16, in *Opera philosophica* 1: 54, line 1 - 57, line 85.

Tertio sic: de quibuscumque contingit vere dicere quod sint unum et reliquum ab illo uno, verum est dicere quod illae sunt // duae res, sed de paternitate et essentia concedit quod sunt unum et reliquum. Immo omnia distincta formaliter sunt unum et reliquum secundum modum suum loquendi, ergo paternitas et essentia sunt duae res, et generaliter omnia distincta formaliter sunt distinctae res. Ergo manifeste dicit repugnantia quando dicit quod aliqua sunt idem realiter et tamen sunt distincta formaliter.

Quarto sic: quaero numquid ista consequentia valeat vel non: ista distinguuntur formaliter, ergo ista distinguuntur. Si non, ergo oppositum consequentis stat cum antecedente; ergo ista stabunt simul: ista non distinguuntur, et ista distinguuntur formaliter. Sed sequitur: ista non distinguuntur, ergo ista nulla distinctione distinguuntur, quia negatio praecedens confundit confuse et distributive, sicut sequitur: Sortes non currit, ergo nullo cursu Sortes currit. Et sequitur: nulla distinctione distinguuntur, ergo formali distinctione non distinguuntur. Ergo a primo, ista stabunt simul: ista distinguuntur formaliter, et per consequens formali distinctione distinguuntur, et tamen nulla formali distinctione distinguuntur, quae sunt contradictoria.

Si prima consequentia est bona et antecedens est verum, ergo consequens: ergo demonstratis duobus distinctis formaliter, ista distinguuntur. Sed sequitur: ista distinguuntur, ergo sunt distincta, et ultra: ergo sunt distinctae res, quia neutrum genus substantivum sic habet exponi. Ergo sequitur quod distinguuntur realiter.

Quinto sic: ipse capit in arguendo et utitur hac propositione: quandocumque aliqua sunt idem omnibus modis ex natura rei, quicquid competit uni, competit alteri nisi aliquis modus grammaticalis vel logicalis

---

931 sic *om.* L | quibuscumque] quibus L | quod sint *om.* P   932 ab ... uno] de illis L | dicere *om.* P | illae] non L | duae] tres L   933 essentia] ipse *add.* L | concedit] in singulari *add.* L | sunt] sint L   933-934 immo ... reliquum] et L   934 suum *om.* L   935 ergo] eius L   936 formaliter *om.* L   937 sunt distincta] distinguuntur L   939 sic *om.* L | numquid] utrum L | valeat] valet L | vel non *om.* L   940 ista *om.* L   941 non *om.* L   942 et *om.* L | ista] non *add.* L | formaliter *om.* L   943 ista *om.* L   944 confundit] verbum *add.* L | et *om.* L | sequitur *om.* L   945 Sortes *om.* L | distinctione] distinctione *add.* P   945-946 distinguuntur[1]] distinguitur L   946 formali *trp. p.* non L | distinctione *om.* L | distinguuntur[2]] distinguitur L   946-947 a ... simul] sequitur L   947 formaliter ... consequens *om.* L   947-948 formali distinctione *trp.* L   948 distinguuntur[1] *om.* L | tamen *om.* P   950 prima] illa L   950-951 consequens] est verum *add.* L   951 demonstratis] datis L | distinctis *om.* L   951-952 formaliter ... sequitur] haec est vera L   952 et] ultra *add.* L   954 quod ... realiter] et ergo realiter distinguuntur L   955 sic *om.* L | capit *om.* L | in arguendo *trp. p.* utitur L | et *om.* L   956 omnibus modis *om.* L | rei] omnibus modis L   957 vel logicalis *om.* L

impediat.[68] Sed ista propositio includit repugnantiam et contradictionem, tum quia contradictio est quod aliqua sint idem omnibus modis, tum quia contradictio est quod omne quod competit uni rei competat alteri rei, quia hoc est unum, et reliquum est alterum ab hoc.[69]

Sexto sic: si essentia est non eadem formaliter, quaero cui non est eadem formaliter: aut sibi ipsi aut alteri. Si sibi ipsi, tunc essentia est non eadem sibi ipsi, ergo non est eadem formaliter sibi ipsi et per consequens nulli rei est eadem formaliter, quod non est intelligibile.

Si alteri, certum est quod omne alterum ab essentia divina est creatura. Unde Augustinus, 1 *De Trinitate*, c. 7: substantia quae Deus non est, creatura est, et quae creatura non est, Deus est.[70] Ergo soli creaturae est essentia divina non eadem formaliter, sed cuique creaturae est non eadem realiter, ergo cuicumque // est non eadem formaliter, est non eadem
L J7rb realiter. Ergo distinctio nihil valet.

Praeterea frustra fingitur iste modus loquendi in materia ista, quia in nullo evacuat vel declarat difficultatem plus quam quicumque alius modus loquendi usitatus theologorum. Nam omnes concedunt quod aliqua praedicata conveniunt huic essentiae quae non conveniunt Patri. Sed ibi est difficultas, quomodo hoc est possibile cum essentia et Pater supponunt pro eadem re. Et ipse assignat pro causa quia essentia et Pater distinguuntur formaliter vel non sunt idem formaliter. Hoc est, secundum eum, aliquid praedicatur de essentia quod non praedicatur de Patre, licet essentia et Pater supponant pro eadem re. Ecce quod idem assignatur pro

958 propositio *om.* L | repugnantiam et *om.* L 959 tum^{1} *om.* L | sint] aliqua et tamen *add.* L | tum^{2}] et tamen L | quia *om.* L 960 rei^{1} *om.* L | competat] competit L | rei^{2}] ab ista re L | quia] si *add.* L 961 et] illud est alterum ergo hoc demonstrato uno est alterum ab hoc quia *add.* L 962 est non *trp.* L 962-963 non^{2} ... formaliter] utrum L 963 ipsi^{1} *om.* P | aut^{2}] an L | non] termino P 963-964 tunc ... ipsi^{1} *om.* L 964 ergo] essentia *add.* L | eadem formaliter *om.* L 966 alteri] et *add.* P 967 7] omnis *add.* L 969 cuique] omni L | est non *trp.* L 970 realiter] formaliter L | est non^{1} *trp.* L | non^{2} *om.* L | eadem] etiam *add.* L 972 praeterea] septimo L | fingitur *trp. p.* loquendi L | modus *om.* P | materia ista *trp.* L 973 vel declarat *om.* L 974 usitatus] consuetus L 975 aliqua praedicata] ista L | huic] nomini *add.* L 976 cum] ex quo L 978 est] dictum *add.* L 980 quod idem] istud L | assignatur] assignat P

[68] Ockham, *Ordinatio* 1.2.11, in *Opera theologica* 2: 364, lines 11-13.

[69] For a thorough discussion of identity and distinction in Ockham and Scotus with reference to Leibniz, see Marilyn McCord Adams, "Ockham on Identity and Distinction," *Franciscan Studies* 36 (1976), 5-74. In Holcot's eyes the relation of real identity included numerical identity, and, therefore, excluded the possibility of two things (*aliqua*) being the same in every way because one would always be numerically distinct from the other.

[70] Augustine, *De Trinitate* 1.7 (CCL 50: 46, lines 47-50).

causa sui ipsius, et nihil aliud est nisi inculcatio verborum vel circulatio terminorum distinctorum secundum vocem et significantium idem, sicut si quaereretur quare homo habet animam intellectivam et diceretur quia est animal rationale, et si ulterius quaereretur quid est esse animal rationale et responderetur quod esse animal rationale est habere animam intellectivam. Unde nihil est nisi multiplicatio // frustra fictorum.

Unde eadem facilitate possum fingere quod paternitas et essentia distinguuntur vel non sunt idem orationaliter vel complexionaliter sive subiectionaliter vel praedicationaliter. Possum enim dicere quod quia aliqua oratio est vera in qua subicitur iste terminus "essentia," quae foret falsa si loco illius subiceretur "paternitas," ideo Pater et essentia distinguuntur orationaliter, et sic de ceteris, quia complexum foret falsum si loco illius quod est "essentia" poneretur "paternitas." Haec enim propositio est vera: essentia non generat, et si dematur subiectum et loco illius ponatur "paternitas," resultat falsa quaedam oratio et falsum complexum propter mutationem subiecti. Et si placeret dicere quod paternitas et essentia differunt vel non sunt idem orationaliter vel propositionaliter vel complexionaliter, et sic de consimilibus adverbiis quae facile est fingere, aeque posset dici sicut quod distinguuntur formaliter, quod nihil est ad rem.[71]

Ideo ad articulum dico sex: primo quod essentia et relatio in divinis non distinguuntur realiter nec modaliter nec formaliter nec ratione nec convertibiliter nec aliquo alio modo.[72] Ratio est quia sic distingui infert

985
P 213va

990

995

1000

fingere

---

981 sui *om.* L | nihil *om.* L | aliud] illud L   981-982 nisi ... idem *om.* L
983 quare ... diceretur] quid est animal rationale, respondetur: animal habens animam intellectivam L   984 ulterius *om.* L | quaereretur] quaeratur L | esse *om.* L   985 et *om.* L | responderetur] respondetur L | quod esse *om.* L | rationale ... habere] habens L
986 nihil] non P | multiplicatio] vel inculcatio terminorum *add.* L | fictorum *om.* L
988 sunt] substantialiter *add.* L   988-989 orationaliter ... praedicationaliter *om.* L
990 foret] esset L   991 loco illius *om.* L | subiceretur] ibi iste terminus *add.* L   992-1000 orationaliter ... rem] essentialiter et substantialiter L   1001 ideo ... primo] dico igitur ad articulum istum L   1001-1002 in divinis *trp. p.* distinguuntur L   1002 nec ratione *om.* L

---

[71] The text from pp. 97-102, lines 873-1000 is an expanded version of pp. 47-49 lines 354-422 of the question "Utrum haec sit concedenda: Deus est Pater et Filius et Spiritus Sanctus," above.

[72] Holcot refers here to a number of the various kinds of distinction others had devised to explain the doctrine of the Trinity. At the Fourth Lateran Council, the Church had ruled out a real distinction between essence and relation in God. Bonaventure contributed the notion of a modal distinction, a distinction less than a real distinction and more than a rational distinction. Scotus and his followers, including Ockham, used the concept of formal non-identity, variously interpreted as implying distinction or not, to describe the relation between essence and relation. Aquinas and a few of his followers advocated the rational distinction. The concept of non-convertibility is found in Scotus allied to the

distingui, sequitur enim: distinguuntur ratione, ergo sunt distincta ratione
1005 vel secundum rationem, et ultra: ergo sunt aliqua distincta secundum
rationem, ergo sunt aliqua, consequens falsum, ergo etc.

Secundo dico quod haec non est concedenda: essentia et relatio sunt
idem, proprie loquendo de virtute sermonis, quia sequitur: sunt idem,
ergo sunt una res, et ultra: sunt una res, ergo sunt, et ultra: sunt, ergo sunt
1010 aliqua, et ita non sunt una res. Consequentia patet quia illud verbum
"sunt" est pluralis numeri, et ideo consignificat multas res.

Tertio dico quod nec haec est concedenda: essentia et relatio sunt non
idem, propter eandem causam de verbo pluralis numeri, quia haec est
falsa: essentia et relatio non sunt, sicut haec est falsa: Marcus et Tullius
1015 sunt.

Quarto dico quod haec non est concedenda: inter essentiam et
relationem est aliqua identitas, nec aliqua propositio habens tale
subiectum, quia nihil est inter aliquid et seipsum.

Quinto, quod relationis ad essentiam non est omnimoda identitas, quia
1020 eius oppositum aequivalet isti: relatio est omni modo identitas eadem
essentiae, quod falsum est quia non est idem essentiae per accidens, nec
idem hac identitate qua Sortes est idem Sorti, nec idem specie, nec idem
genere secundum ponentes Deum non esse in genere.

Sexto, quod haec est concedenda: aliquo modo sive proprie sive
1025 improprie, relationis ad essentiam est aliqua identitas, quia aequivalet isti:
L J7va relatio est aliquo modo eadem essentiae,// et hoc est verum. Et haec est
neganda: relationis ad essentiam est aliqua non-identitas, quia non
sequitur formaliter: relatio non est idem genere cum essentia, ergo est
aliquo modo non idem essentiae.[73]

1005 vel *om.* L | secundum rationem *om.* L | aliqua] alia L | distincta *om.* L
1006 ergo[1] ... etc. *om.* L   1007 non *om.* P | relatio] non *add.* P   1008 de ... sermonis
om. L   1009 sunt[2] ... sunt[4] *om.* P   1010 ita non] illa P   1011 consignificat]
significat L; consignat P   1012 sunt non *trp.* L   1014 falsa[1]] vera LP   1016 quod]
nec *add.* L | non *om.* L   1017-1018 nec ... subiectum *om.* L   1018 aliquid] aliud L
1019 quod] haec non est concedenda *add.* L | non *om.* L   1020 eius oppositum *om.*
L | omni modo] omnimoda L   1021 falsum est *trp.* L   1021-1023 quia ... genere[2]
om. L   1024 concedenda] relationis *add.* L   1025 relationis ... identitas] est identitas
aliqua ad essentiam L   1027-1029 quia ... essentiae *om.* L

---

formal non-identity and in Hervé Nédélec, Walter of Chatton, Adam Wodeham and the
Centiloquium theologicum as an alternative to the formal non-identity. See my "Logic and
the Trinity," throughout, for an analysis of the Trinitarian discussions of the thirteenth
and fourteenth centuries.

[73] The text from pp. 102-103, lines 1001-1029 is a shorter version of pp. 40-42 lines
197-253 of the question "Utrum haec sit concedenda: Deus est Pater et Filius et Spiritus
Sanctus," above.

1030   Secundus punctus istius dubii est an aliquid constituat personam Patris,
et an in persona Patris sit aliquid requisitum ad constitutionem Patris. Et
hic est imaginatio quorundam quod ad constituendum personam Patris in
divinis concurrunt essentia communis et relatio personalis, ita quod in
Patre est essentia communis quam Pater habet qua sit Deus, et paternitas
1035   quae est relatio personalis qua Pater constituitur in esse Patris. Et sic in
Filio est essentia communis et filiatio, et in Spiritu Sancto essentia
communis et processio vel spiratio passiva.[74]

Sed iste modus loquendi non est conveniens, tum quia in persona ponit
plurium rerum aggregationem necessario, quod tamen non est verum,
1040   tum quia omne quod constituitur per aliquid, constituitur per illud per
aliquod genus causae, ut puta: efficientis, formalis vel materialis, sed in
Deo nulla istarum debet poni ad intra. Unde dico quod Deus non
P 213vb   constituitur nec aliqua persona per aliquid, sed // sine quacumque
constitutione vel causalitate ad intra Deus est Pater, Filius et Spiritus
1045   Sanctus. Et non plus de isto articulo.

Ad argumenta in isto dubio quae fuerunt quinque dicendum est ad
primum, quando arguitur per illud Augustini, 7 *De Trinitate*: "Omnis
essentia quae relative dicitur est aliquid excepto relativo," [75] vult dicere
quod de quocumque termino supponente personaliter verificatur aliquod

1030 punctus] articulus L | Patris *om*. L   1031 in ... sit *trp. p.* aliquid L
1032 Patris *om*. L   1033 communis *om*. L   1034 quam] qua L | qua] quod L
1035 Pater constituitur *trp*. L   1036 est *om*. P | communis *om*. L | et[2] *om*. P
1037 vel ... passiva *om*. L   1039 necessario *om*. L   1040 aliquid] aliud L | per[2]]
secundum L   1041 ut puta] videlicet L | vel] et L   1042 debet poni *trp*. L   1042-
1043 Deus *trp. p.* constituitur L   1043 nec] ut L | aliquid] aliquod P   1044 vel] sive
L | Pater] et *add*. L   1045 et ... articulo *om*. L   1046 in ... quinque] huius dubii L
1047 illud Augustini] Augustinum L | 7] 6 P

[74] On p. 106, lines 1093-1094 below, Holcot attributes this opinion to Henry of Ghent,
Aquinas, Scotus and others. See Henry of Ghent, *Summae quaestionum ordinariarum*
55.6 (Paris, 1520; repr. St. Bonaventure, N.Y., 1953), fols. 110v-111r; Aquinas,
Sententiarum 1.2.1.5, in *Opera* 6: 26b. Thomas Sutton accused John Duns Scotus of
advocating the position that something absolute constituted the Father as Father, a
position that Scotus was apparently forced to retract at Oxford. It seems clear from what
Sutton says and from the testimony of William of Nottingham that Scotus at most put
forward the opinion *probabiliter*, and never publicly asserted it. He is said to have changed
his approach to the question at Paris. See Charles Balič, "À propos de quelques ouvrages
faussement attribués à J. Duns Scot," *Recherches de théologie ancienne et médiévale* 2
(1930), 185-187, for a discussion of these witnesses. For a late (1306-1307) version of
Scotus' position, see *Quodlibet* 4, in *Cuestiones Cuodlibetales (obras del Doctor Sutil Juan
Duns Escoto)*, ed. and trans. Felix Alluntis (Madrid, 1968), pp. 122-164.
[75] Augustine, *De Trinitate* 7.1 (ccl 50: 247, lines 106-111).

1050 relativum, de eodem supponente personaliter verificatur aliquis terminus
absolutus, ut sicut si haec sit vera: Sortes est animal, haec est vera: Sortes
est substantia, ita si haec sit vera: Deus est Pater, haec est vera: Deus est
substantia. Non enim vult Augustinus dicere quod in persona Patris sint
duae res quarum una sit relatio et alia substantia, quia sic necessario in
1055 Patre foret aggregatio rerum vel compositio, quod Catholicus nullo modo
concederet.

Et si arguitur contra per eundem, 7 *De Trinitate*, c. 2: "Eo quippe Filius
quo Verbum et eo Verbum quo Filius," [76] et infra, c. 2: "Non eo Verbum
quo sapientia dicitur," [77] et alibi: "Non eo Pater quo Deus," [78] et c. 4:
1060 "Aliud est Patrem esse et aliud Deum esse vel dominum esse," [79]
dicendum quod per nullum istorum intendit Augustinus astruere duas res
esse in una persona, sed vult quod terminorum sive praedicabilium quibus
utimur in divinis aliqui convertuntur, ita quod ab uno ad reliquum
affirmative et negative est consequentia bona. Et de quocumque in divinis
1065 verificatur unum illorum, et reliquum, sicut se habent isti duo termini:
"Filius" et "Verbum." Et ideo ista causalis est vera: Filius est Filius in
divinis quia Verbum divinum, et econverso: Verbum divinum est
Verbum divinum quia Filius Dei, et omne quod est Filius est Verbum, et
econtra.

1070 Sed de quibusdam terminis quibus utimur // in Deo non est sic, genera-
L J7vb liter enim duobus generibus terminorum utimur ad exprimendam ineffa-
bilem Trinitatem, scilicet terminis absolutis et respectivis. Et termini
respectivi sunt duplices, nam quidam respiciunt creaturam et quidam non.
Et isti termini absoluti et respectivi non sunt simpliciter convertibiles, quia
1075 licet omne quod est Verbum sit sapientia, non tamen omne de quo dicitur

---

1050 relativum] vel aliquis terminus *add.* P   1051 ut *om.* P   1051-
1052 Sortes[1] ... vera[1] *om.* P   1053 enim] autem L | vult Augustinus *trp.* L | dicere]
intelligere L | sint] sunt L   1054 sit] est L   1054-1055 in Patre *trp. p.* foret L
1055 foret] esset L | Catholicus] Augustinus L   1057 2] 11 P   1058 et[1] ... Verbum[2]
om. L | c. 2 *om.* L | 2] 12 P | Verbum[3]] est *add.* L   1059-1060 et[2] ... esse[3] *om.* L
1059 4] 13 P   1061 per *om.* L | astruere *om.* L   1061-1062 duas res *trp. p.* esse L
1062 sive *om.* L   1063 reliquum] alium L   1064 in divinis *om.* P   1065 unum ...
reliquum] unus eorum et alius eorum verificatur de eodem L   1068 divinum *om.* P
1069 econtra] econtrario in divinis L   1070 utimur] in Deo *add.* L   1072-1073 et[2] ...
non *om.* L   1074-1080 quia ... Deus *om.* L

[76] Ibid., 7.2 (CCL 50: 250, line 6).
[77] Ibid. (lines 9-10).
[78] Augustine uses a similar mode of speaking; ibid., 7.2 (CCL 50: 250, lines 6-11) and
7.6.11 (CCL 50: 262, lines 20-22).
[79] Ibid., 7.4 (CCL 50: 260, lines 141-146).

sapientia est Verbum. Similiter, licet omne quod est Pater est Deus, non tamen omne de quo dicitur Deus est Pater. Et pro tanto dicit Augustinus quod "non eo est Pater quo Deus," hoc est, non ideo concipimus Deum Patrem quia est Deus, sed quia genuit Filium, sed Deum concipimus esse
1080 sapientem, potentem et bonum quia Deus. Sic ergo dicit Augustinus, "non eo Verbum quo sapientia dicitur," hoc est, Deus non dicitur Verbum absolute sed respective sive relative. Eodem modo: "non eo Pater quo Deus," hoc est, non est Pater absolute vel termino absoluto, sed relativo. Sed Deus dicitur Deus absolute, et ideo solum dicitur quod "aliud est
1085 Deum esse, aliud Patrem esse," hoc est, ista praedicabilia non convertuntur in divinis: Patrem esse et Deum esse, quia de aliquibus praedicatur Deum esse in divinis de quibus non praedicatur Patrem esse, nec aliud intendit ibi Augustinus.

Ad secundum, quando arguitur aliquid constituit Patrem in esse Patris,
1090 sed non essentia, ergo aliud ab essentia, dicendum quod si maior accipiatur proprie, falsa est, quia Pater non constituitur in esse Patris. Nec est iste modus loquendi extendendus, sed potius exponendus quia est improprius, licet doctores aliqui sic locuti sint, sicut Henricus, Thomas, Scotus et alii,[80] sed ideo sic dicunt quia si per impossibile paternitas
1095 differret ab essentia in Deo, tunc in persona Patris forent duo quorum uno, puta essentia, conveniret cum aliis personis, et alio differret. Ideo
P 214ra secundum modum loquendi quem // hic habemus, dicunt quod paternitas constituit Patrem in esse Patris, hoc est, ideo est Pater quia genuit Filium, non ideo est Pater quia Deus, quia sic quilibet eorum qui est Deus foret
1100 Pater.

Ad tertium, quando accipitur in minori quod in Patre est aliquid essentiale et aliquid notionale, si accipiatur proprie "esse in," propositio est falsa de virtute sermonis. Si improprie, scilicet per praedicationem, eo modo quo dicimus quod praedicatum inest subiecto, sic est in Patre
1105 aliquid essentiale et aliquid notionale, de Patre enim praedicatur esse

---

1081 dicitur[1] *om.* L   1082 respective sive *om.* L | eo *om.* L; est P   1083 Pater *om.* L | vel ... absoluto *om.* L | relativo] relative L   1084-1088 sed ... Augustinus *om.* L 1089 constituit *om.* P   1090 quod *om.* L   1090-1091 maior accipiatur] minor accipitur L   1091 falsa] falsum L | quia] nec *add.* L | non *om.* L   1092-1093 sed ... improprius *om.* P   1093 aliqui] non autentici L | sint] sunt L | Thomas *om.* L 1094 alii] Hibernicus L   1095 forent] essent L   1096 uno ... conveniret] unum esset L | aliis *om.* L | alio] aliud L | differret] et *add.* L   1097 hic *om.* P | dicunt *om.* P 1099 eorum *om.* P | qui *om.* L | est[2] ... foret] esset L   1101 accipitur ... minori] dicitur L | est] esset L   1102-1105 si ... notionale] quia L   1105 enim *om.* L

[80] See p. 104, note 74 above.

Deum et esse Patrem, et tamen paternitas non aliam rem ponit in Deo a deitate.

Ad quartum, quod stat in hoc quod filiatio terminat immediate unionem naturae assumptae, et non essentia divina, etc., dicendum ad
1110 virtutem vocis quod assumptum est falsum, quia ita immediate est essentia divina incarnata sicut Filius Dei, licet < unio > sit facta personaliter ad personam et non ad essentiam. Hoc est dictu, unio est sic facta ad essentiam personaliter quod omne quod est Filius Dei est incarnatum et homo, sed non est sic facta unio ad essentiam personaliter quod omne
1115 quod est essentia dicatur homo et incarnatum. Sed de causa, nemo novit eam exprimere sufficienter.

Ad quintum, quando accipitur quod idem constituit Patrem in esse Patris et distinguit, dico etiam quod haec est metaphorica et impropria locutio: aliquid distinguit Patrem a Filio, quia proprie loquendo Pater
1120 distinguitur seipso a Filio, et nihil distinguit Patrem a Filio. Sed bene potest dici quod aliquid distinguit Filium a Patre, quia Pater qui generat distinguit Filium qui generatur.

< Ad septimum dubium >

Ad septimum dubium, an scilicet sit aliqua productio in divinis, verum
1125 est quod isto termino doctores communiter utuntur in divinis, et causa est quia secundum scripturam sacram Pater generat Filium, et Pater et Filius spirant Spiritum Sanctum, et quia productio videtur esse superius ad ista, ideo utuntur istis terminis "producere" et "produci" et "productio," sicut aliis. Sed in rei veritate oportet quod accipiatur improprie, proprie enim
1130 producere est a toto extrahere aliquid de potentia ad actum, // quod
L J8ra nequaquam Deo convenit. Unde licet omnis generatio in terris sit quaedam productio, non ideo sequitur quod divina generatio sit productio, sicut nec est mutatio, et ideo sine praeiudicio apparet verius

---

1106 Deum *om.* P | non] dicit *add.* L | rem ponit *om.* L   1108 quod[1] ... hoc] quando dicit L   1109 etc. *om.* L   1109-1110 ad virtutem] quod de virtute L 1110 quod *om.* L | ita *om.* P   1112 est sic *trp. p.* facta L   1113 essentiam personaliter] personam Filii L | Dei *om.* L | incarnatum] incarnatus P   1114 est sic *om.* L | facta unio *trp.* L | ad essentiam *trp. p.* personaliter L | quod] ut L   1115 et] vel L | incarnatum] incarnari P | nemo] illud *add.* L   1116 eam *om.* L   1117 idem] aliquid L   1118 distinguit] cetera L | etiam *om.* L   1120 distinguitur] distinguit L | seipso] seipsum L   1121 aliquid distinguit *trp. p.* Filium L   1122 qui generatur] originaliter a Patre L   1124 scilicet *om.* L   1125 isto termino *trp. p.* doctores L | communiter] saepe L   1125-1128 in ... terminis *om.* L   1128 et productio *om.* L   1129 quod accipiatur] eum accipi L   1130 a toto *om.* L | extrahere aliquid *trp.* L 1131 nequaquam] nullo modo L | Deo convenit *trp.* L | terris] creaturis L

dicendum quod Deus est tres personae: gignens, genita et procedens, et
1135 tamen Filius non generatur per productionem, nec Spiritus Sanctus
spiratur per productionem. Transsumimus aliquando nomina specierum
ad divina, licet non nomina generum, sicut dicimus quod prima persona
est Pater et tamen non est causa, sicut quod gignit vel generat Filium, et
tamen non agit Filium, et tamen "actio" est terminus superior ad "gene-
1140 rationem."

Ad argumenta consequenter respondeo. Ad primum, quando accipitur
quod nihil quod est necesse esse, illud esse accipit ab alio, verum est
loquendo de acceptione quae fit per extractionem alicuius de potentia ad
actum. Sic autem non accipit Filius esse a Patre nec quicquam, sed alio
1145 modo accipiendi accipit Filius esse a Patre generatione ineffabili qua
gignens et genitum sunt una essentia, et tamen genitum est a gignente,
quod credendum est in via ut videatur in patria, etc.

Ad secundum, patet per praedicta, quia non est ibi talis productio.

< Ad octavum dubium >

1150   Ad octavum dubium, quod est de illa regula Anselmi quod unitas tenet
P 214rb suum consequens ubi non obviat relationis oppositio, // sciendum quod
Anselmus, *De processione Spiritus Sancti*, duas regulas ponit, c. 2. Una est
quantum ad unitatem essentiae in divinis: quod unitas tenet suum
consequens ubi non obviat relationis oppositio. Alia est quantum ad
1155 pluralitatem significatorum: quod pluralitas tenet suum consequens ubi
non obviat simplicitas unitatis.[81] Ideo illa regula potest sic exponi, quod
quando duo termini praedicantur de tertio, consequens est quod unus
concludatur de alio, et hoc verum est in divinis nisi obviet alicubi
oppositio relationis.

1160   Ad rationes in oppositum: ad primam, quando arguitur quod si illa
regula foret vera, sequitur quod iste discursus foret verus: Pater generat,

---

1134 personae] secundum *add.* L | procedens et] producens nec L   1135 non *om.* L
1136-1140 transsumimus ... generationem *om.* L   1141 consequenter] tamen P |
accipitur] arguitur L   1142 est¹ ... alio] de se est etc. L | est² *om.* P   1143 alicuius *om.*
L   1144 nec *om.* L | sed *om.* L   1144-1145 alio modo] actum L   1145 accipit ...
Patre *om.* L   1146 una essentia] unum L   1147 etc. *om.* L   1148 secundum] aliud
L   1150 illa *om.* L | quod² *om.* L   1151-1155 sciendum ... significatorum] etc. et P
1156 obviat simplicitas] obstat singularitas L | ideo] praeterea L | illa *om.* P | quod
om. L   1158 concludatur] concluditur L | in divinis *om.* L | obviet alicubi] obviat L
1160 primam ... quod] primum L   1160-1161 illa ... quod *om.* L   1161 foret verus]
esset bonus L

---

[81] See p. 68, note 13 above.

essentia est Pater, etc., potest dici quod illae duae regulae efficiunt unam completam regulam, unde secunda pars obstat in isto argumento. Quia licet inter essentiam et generare non sit oppositio relativa, tamen unitas
1165 essentiae impedit ne conclusio sequatur, quia si essentia generaret, essentia distingueretur a genito, et sic genitum non foret essentia divina. Et constat quod foret aliqua essentia, ergo duae essentiae, igitur ad hoc quod est essentiam generare sequitur multitudo essentiarum. Et ideo secunda pars regulae Anselmi impedit, licet non prima directe.

1170 Ad secundum, concedo quod forma Anselmi non valet de forma, sed Anselmus arguit gratia materiae.

Ad tertium, potest dici quod in conclusione obviat indirecte relationis oppositio, quia cum solus Filius sit incarnatus, Patrem esse incarnatum infert Patrem esse Filium, et ideo non sequitur propter primam partem
1175 regulae.

Ad quartum, manifestum est quod ibi obviat relationis oppositio, quia licet ille terminus non dicatur relative ad Patrem, in intellectu tamen suo aequaliter dicit Filium et Spiritum Sanctum qui referuntur ad Patrem.

<Ad nonum dubium>

1180 Ad nonum dubium, quando quaeritur quare non dicimus quod Pater
L J8rb est aliud a Filio, dicendum quod sive proprie sive improprie // plus intelligitur per li aliud quam per hoc complexum: quod est alia res, quia dicit diversitatem essentiae, ita quod per istam: Pater est aliud a Filio, intelligitur quod sit alia essentia et alius Deus a Filio. Ideo licet conceditur
1185 quod Pater est alia res a Filio, quia Pater et Filius distinguuntur realiter, et Pater et Filius et Spiritus Sanctus sunt tres res, non tamen concedit ecclesia quod Pater est aliud a Filio et Spiritu Sancto.

Ad primum argumentum: Pater est aliud suppositum a Filio, ergo est aliud a Filio, negatur consequentia quia plus intelligitur per consequens

---

1162 essentia ... Pater *om.* L | regulae *om.* P   1164 generare] generationem P | relativa *om.* L   1166 distingueretur] differet L | genito] generato L | foret] esset L 1166-1169 et² ... directe *om.* L   1170 Anselmi] nunc *add.* L | de forma] gratia formae L   1172 conclusione] differente L | indirecte *om.* L   1173 esse *om.* L | incarnatum] nunc *add.* L   1174 Patrem esse] sicut L   1176 ibi] etiam *add.* L   1177 terminus] res L | dicatur] dicantur L   1177-1178 suo aequaliter *om.* L   1178 qui] quae L 1181-1182 plus ... quia] hoc inolevit quod dicatur quod Pater est aliud suppositum, et tamen non quod sit aliud a Filio, quia ly aliud L   1183 per istam] ista L   1184 sit] alia res et *add.* L | et alius Deus *om.* L | ideo ... conceditur] item quamvis posset concedi L 1185 distinguuntur] dicuntur L | realiter] relative L   1185-1186 et Pater *om.* P 1186 et Filius *om.* L   1187 et] vel a L   1188 argumentum] in oppositum *add.* L

1190 quam per antecedens ex usu qui habetur apud ecclesiam, licet consequentia foret bona quantum est ex proprietate vocis.

Ad secundum, concedo quod aliter exponunt theologi illum terminum
"aliud" quando applicatur ad personas divinas quam grammatici exponunt communiter adiectiva substantiata, et secundum theologos in
1195 theologia et non secundum grammaticos loquendum est. Et secundum
illum modum loquendi consequenter dicendo, haberent theologi concedere tales: tantum Pater creat, tantum Filius est sapientia divina, tantum
Spiritus Sanctus est bonitas summa; et generaliter cuilibet propositioni
affirmativae in qua praedicatur aliquid proprium Deo soli vere, posset
1200 addi dictio exclusiva et remaneret adhuc propositio vera. Causa huius
patet, quia exponentes essent verae secundum modum loquendi de li
aliud, quia affirmative manifestum est et negative similiter, nam nihil
aliud a Patre creat, nihil aliud a Filio in divinis est sapientia divina, nihil
aliud a Spiritu Sancto est bonitas summa. Sed quia expositas illas non sic
1205 exponunt, ideo eas communiter non concedunt, sed in expositionibus
accipiunt illud "aliud" magis communiter sicut grammatici loquuntur.

< Ad decimum dubium >

Ad decimum dubium et ultimum, quando quaeritur an haec sit
concedenda: Deus est Trinitas, dicitur quod sic, sicut ubique patet ex dictis
1210 sanctorum et determinationibus ecclesiae. Unde ad primum in oppositum,
P 214va quando arguitur // quod praedicatum non convenit alicui supposito
subiecti, etc., dicitur quod sic. Nam iste terminus "Deus" aliquando
supponit pro re quae est Pater, Filius et Spiritus Sanctus, et potest concedi
quod istae tres relativae distinctae sunt una persona absoluta, et unum
1215 suppositum. Unde hoc nomen "Deus" aliquando supponit pro supposito
duorum tantum, sicut cum dico: Deus gignit Deum; aliquando
communiter pro supposito trium, sicut quando dicitur: Deus creat, Deus

1190-1191 ex ... vocis om. L   1192 concedo] dico L   1193-1195 exponunt ... et²
om. L   1196 dicendo haberent] habent L   1196-1197 theologi concedere trp. L
1197 sapientia divina] sapiens L   1198-1200 et ... vera om. L   1201 verae om. L
1202 quia om. L | et] sicut add. L | similiter nam om. L   1203 in divinis om. L
1204 expositas] exceptivas L   1205-1206 sed ... loquuntur om. L   1208 et] ad add. L
| quaeritur] dubitatur L   1209 dicitur] dico L | ex] in L   1210 et ... ecclesiae om. L |
unde om. L   1211 arguitur quod] quaeritur quare P | convenit] communicat L
1212 etc. om. L | dicitur] potest dici L | iste terminus] ista res L   1213 re ... Sanctus]
Patre et Filio et Spiritu Sancto L | concedi] dici L   1214 tres] res add. L
1215 supposito] relativae add. L   1216 duorum om. L | sicut ... dico] ut dicendo L
1217 supposito om. L | trium] relativo et absoluto L | sicut] ut L | quando] cum L

gubernat; aliquando tantum pro supposito absoluto, sicut cum dicitur: Deus est tres personae.

1220 Ad secundum, cum dicitur Trinitas est summe una et absoluta, conceditur, et tamen non recipit relationes logicales.

Ad tertium, conceditur quod Trinitas est persona, sed non est quarta persona, quia non distinguitur ab aliqua trium nec ab eis simul sumptis, et ideo non ponitur in numerum cum eis.

1225 < ARTICULUS QUARTUS >

Ad rationes principales: ad primum, quando arguitur, etc., dicendum quod illud argumentum est bonum ad probandum quod non sunt plures dii, sed ad probandum quod non sunt plures personae, nihil valet, cuius causa est quia si essent plures dii forent plures omnipotentes, et tota
1230 perfectio quae esset in uno foret duplata, et sic alter eorum superflueret. //
L J8va Sed hoc non est verum de personis, quia in tribus personis non est triplata perfectio divina. Et ideo concedendum est quod nulla perfectio quae est in una deficit alteri, et non sequitur ultra quod altera superfluit.

Ad secundum, conceditur quod tres personae sunt tres res, sicut
1235 concedit Magister, d. 1.[82]

Ad Augustinum, quando dicit quod nomina dicta ad se non dicuntur pluraliter de personis, intelligendum est de nominibus quae non sunt communia ad nomina absoluta et ad nomina relativa, cuiusmodi est iste terminus "res." Et similiter de isto termino "persona" qui dicitur ad se
1240 secundum Augustinum, 7 De Trinitate, c. 4,[83] et allegat Magister, d. 23,[84] et tamen praedicatur de Patre et Filio et Spiritu Sancto in plurali.

1218 tantum ... absoluto] pro absoluto supposito tantum L | sicut ... dicitur] ut L
1220 cum dicitur] dicendum quod haec L | et] res L   1220-1221 conceditur om. L
1221 non ... logicales] pluraliter relative dicitur L   1222-1223 quarta persona]
personaliter L   1223 nec ... sumptis om. L   1224 ideo om. P | ponitur] ponit LP
1226 quando ... etc. om. L   1227 illud om. L | sunt om. P   1228 nihil] non L
1229 forent] essent L | omnipotentes] potentiae L   1230 uno] una P | foret duplata]
esset duplicata L   1231 triplata] unica L   1233 deficit] deest L | quod altera] igitur
una L   1234 res om. L   1235 1] 25 LP   1239 similiter] sicut est L | qui] quae P
1240 4] 34 P | c. ... 23 om. L   1241 plurali] contra: iste terminus "Deus" est communis
ad absoluta et relativa non tamen dicitur pluraliter, ergo oportet plus addere add. P

---

[82] Peter Lombard, Sententiae 1.1.2.4, Spicilegium 1.2: 56, lines 14-17.
[83] Augustine, De Trinitate 7.4 (CCL 50: 255, line 1 - 260, line 150), discusses the application of plural and singular terms to God.
[84] Peter Lombard, Sententiae 1.23.1.1, Spicilegium 1.2: 181, lines 1-15.

Ad tertium, cum arguitur, etc., quantum ad formam syllogismi expositorii, dictum est in solutione primi dubii, quia ipse est generalis, sed quandoque non observatur in terminis supponentibus pro Deo.

1245   Notandum est tamen quod aliquando discursus est bonus terminis supponentibus pro personis in divinis et pro essentia divina, sed non per naturam syllogismi expositorii. Puta, si sic arguatur: iste Pater est Deus, iste Pater est persona, ergo persona est Deus, sed hoc est gratia materiae. Unde discursus qui tamen in forma est ei similis nihil valet: iste Pater

1250 distinguitur a Filio, iste Pater est deitas, igitur etc. Quantum autem ad formas primae figurae < quae > regulantur per dici de omni et per dici de nullo, utrum valeant in terminis istis supponentibus pro Deo et personis divinis vel non, vide Ockham in *Summa*, tertia parte, c. 4, etc., etc., etc.[85]

1242 cum ... etc. *om.* L   1243 ipse] ipsa L   1243-1244 sed ... non] si L 1244 observatur] forma talis *add.* L | in] his *add.* L   1245 est[1] *om.* P | discursus *trp. p.* bonus L   1245-1247 terminis ... expositorii] in tali syllogismo L   1247 si *om.* L | arguatur] arguendo L   1248 ergo] aliqua *add.* L   1248-1250 sed ... igitur] quia ex opposito conclusionis cum minori P   1250 autem *om.* L   1251 regulantur] immediate *add.* L | per dici[2] *om.* L   1252 utrum *om.* L | valeant *om.* L   1252-1253 in ... etc.[3] *om.* L   1253 vel non *om.* L | tertia] secunda P | 4] 7 P

---

[85] Ockham, *Summa logicae* 3.1.4, in *Opera philosophica* 1: 365, line 1 - 377, line 343.

Tables

TABLE 1

A comparison of the sequences of quodlibetal questions
in the various manuscripts.

PEMBROKE		BALLIOL		ROYAL and the DETERMINATIONS	
1	117ra	—		—	
2	132ra	—		—	
3	141vb	37	211va	—	
4	143ra	38	212vb	—	
5	143vb	10	202va	—	
6	144va	—		—	
7	146va	51	216rb	D.13	
8	146vb	53	218rb	—	
9	147ra	78	256rb	3.4	149va
10	147rb	54	218va	—	
11	147vb	24	209va	—	
12	148rb	20	208ra	—	
13	148vb	21	208va	—	
14	149ra	—		D.15	
15	151vb	15	205rb	—	
16	152ra	16	206ra	1.8	152ra
17	152va	17	206va	—	
18	153ra	18	207ra	—	
19	153va	19	207va	—	
20	154ra	22	208vb	—	
21	154rb	23	209rb	—	
22	154va	11	203va	1.7a[1]	151vb
23	154vb	12	203vb	—	
24	155rb	13	204va	—	
25	155rb	14	204va	—	
26	155vb	25	210ra	—	

[1] The title of this question is given in the introduction to Royal 1.7, along with four others that were supposed to follow after 1.7, but the question is not answered in Royal.

Pembroke		Balliol		Royal and the Determinations	
27	156ra	26	210rb	—	
28	156ra	27	210va	—	
29	156rb	28	210va	—	
30	156rb	30	210vb	—	
31	156va	29	210vb	—	
32	156va	31	210vb	—	
33	156va	32	211ra	—	
34	156vb	33	211ra	—	
35	156vb	34	211rb	—	
36	156vb	35	211rb	—	
37	157ra	36	211va	—	
38	157ra	39	213va	—	
39	157ra	40	213va	—	
40	157va	41	214rb	—	
41	157vb	42	214rb	—	
42	157vb	43	214va	—	
43	158ra	44	214vb	—	
44	158va	45	215rb	—	
45	158va	46	215va	—	
46	158va	47	215va	—	
47	158vb	48	215vb	—	
48	159ra	49	216ra	—	
49	159ra	50	216ra	—	
50	159ra	52	216va	—	
51	160rb	56	219ra	—	
52[2]	160vb	57	219va	D.2	
53	165va	58	225rb	D.3	
54	168ra	59	228va	D.5	
55	170va	60	231ra	D.6	
56	172va	61	233ra	D.7	
57	173rb	62	234ra	D.4	
58	175rb	80	257va	2.1	152rb
59	175vb	81	258rb	2.2	153ra
60	176ra	82	258va	2.3	153va
61	176va	83	259ra	2.4	153vb
62	177rb	84	260rb	2.5	155ra

[2] The last article of this question is set off in Pembroke, fol. 162vb, with a large initial capital as though beginning a new question.

TABLE 1   115

Pembroke		Balliol		Royal and the Determinations	
63	177vb	85	261ra	2.6	155va
64	178rb	86	261rb	2.7	156ra
65	178vb	87	262rb	2.8	156vb
66	179ra	88	262va	2.9	157ra
67	179rb	64	238ra	2.10	157va
68	179rb	89	263ra	3.1	157va
69	180rb	90	264rb	3.2	158vb
70	180rb	77	255va	3.3	159ra
71	180vb	79	256vb	3.5	159vb
72	181ra	74	242vb	3.12	168ra
73	183vb	75	245rb	3.7	161vb
74	188ra	76	248vb	3.8	163rb
75	192va	65	238ra	3.9	166va[3]
76	193rb	66	238va	3.10	167rb[3]
77	193rb	67	239ra	3.11	167rb
78	194ra	68	239va	3.13	169rb
79	194rb	69	239vb	3.14	169va[3]
80	194rb	70	239vb	3.15	169vb
81	195va	71	241ra	3.16	170vb
82	196rb	72	241vb	3.17	171va
83	197ra	73	242va	3.18	172vb
84	197rb	—		3.19	173ra
85	197va	63	236rb	3.6	160va
86	199ra	1	182ra	1.1	141vb
87	202vb	2	192ra	1.3	148ra
88	205rb	—		D.8	
89	207ra	—		D.9	
90	209ra	—		D.10	
91	214va	3	194ra	1.2	146rb
92	215rb	—		D.11	
93	217va	—		—	
94	218ra	4	195va	1.4	149ra
95	218vb	5	198ra	1.5	149vb
96	218vb	6	198rb	1.6	150ra
97	220vb	7	199vb	1.7	151vb
98	220vb	8	200ra	—	

[3] These questions are incorporated in the questions that precede them in Royal and are not set off with a large initial capital.

PEMBROKE		BALLIOL		ROYAL and the DETERMINATIONS	
99	221rb	9	200vb	—	
—		55	218vb	—	
—		91	264rb	—	
—		—		D.12	
—		—		D.14	
—		—		3.20	173rb

TABLE 2

Reconstruction of Holcot's third quodlibet
with a comparison to the sequences of questions in the various manuscripts:[1]

SUGGESTED ORDER	ROYAL	PEMBROKE	BALLIOL
1	1	68	89
2	2	69	90
3	3	70	[77]
4	[5]	71	[79]
5	[4]	[9]	[78]
6	[1.8]	[16]	[16]
7	[12]	72	74
8	7	73	75
9	8	74	76
10	[6]	[85]	[63]
11	9	75	65
12	10	76	66
13	11	77	67
14	13	78	68
15	14	79	69
16	15	80	70
17	16	81	71
18	17	82	72
19	18	83	73
20	19	84	—
21	20 (?)	—	—
22	—	—	—

[1] Brackets indicate that the proposed sequence runs contrary to the sequence of questions found in the manuscripts.

TABLE 3   117

TABLE 3

Reconstruction of Holcot's first quodlibet
with a comparison to the sequences of questions in the various manuscripts

Suggested Order	Balliol	Pembroke	Royal and the Determinations[1]
1	1	86	1.1
2	2	87	1.3
3	3	91	1.2
4	4	94	1.4
5	5	95	1.5
6	6	96	1.6
7	7	97	1.7
8	8	98	—
9	9	99	—
10	10	5	—
11	11	21	1.7a
12	—	—	1.7b
13	—	—	1.7c
14	—	—	1.7d
15	—	—	1.7e
16	57	52	D.2
17	58	53	D.3
18	62	57	D.4
19	59	54	D.5
20	60	55	D.6
21	61	56	D.7
22	—	88	D.8
23	—	89	D.9
24	—	90 (?)	D.10 (?)
25	—	92 (?)	D.11 (?)
26	—	—	D.12 (?)
27	—	—	D.14 (?)
OR	—	93 (?)	—
OR	50 (?)	52 (?)	—
OR	—	55 (?)	—
OR	51 (?)	56 (?)	—

[1] The questions designated Royal 1.7a through 1.7e are those whose titles are cited in the introduction to Royal 1.7 as questions belonging to the sequence on virtues and vices, but whose texts are not given.

Bibliography

[Adam of St. Victor]. "De sanctissima Trinitate." In *Analecta Hymnica Medii Aevi*, ed. by C. Blume and H. M. Bannister, vol. 54, p. 249. Leipzig, 1886-1922; repr. New York: Johnson Reprint Corp., 1961.

Adams, Marilyn McCord. "Ockham on Identity and Distinction." *Franciscan Studies* 36 (1976), 5-74.

Alexander de Hales. *Summa theologica*. Ed. by Bernard Klumper. 4 vols. Ad Claras Aquas: Collegium S. Bonaventurae, 1924-1948.

Allen, Judson Boyce. *The Friar as Critic*. Nashville: Vanderbilt University Press, 1971.

Anselm. *De processione Spiritus Sancti*. In *Opera omnia*, ed. by Franciscus Salesius Schmitt, OSB, vol. 2, pp. 175-220. Edinburgh: Thomas Nelson and Sons, 1946.

———. *Monologion*. In *Opera omnia*, ed. by Franciscus Salesius Schmitt, OSB, vol. 1, pp. 1-88.

Pseudo-Aristoteles. *Liber de pomo*. Ed. by Marianus Plezia. Auctorum Graecorum et Latinorum Opuscula Selecta no. 2. Warsaw: Pánstwowe Wyclawnictwo Naukawe, 1960.

Augustinus. *Contra Maximinum*. PL 42: 743-814.

———. *De diversis quaestionibus octoginta tribus*. Ed. by Almut Mutzenbecher. CCL 44A: 3-249.

———. *De doctrina christiana*. Ed. by Joseph Martin. CCL 32: 1-167.

———. *De sermone domini in monte*. Ed. by Almut Mutzenbecher. CCL 35.

———. *De Trinitate*. Ed. by W. J. Mountain. CCL 50 and 50A.

———. *Epistolae*. Ed. by A. Goldbacher. *Corpus Scriptorum Ecclesiasticorum Latinorum* 34.2. Venice: F. Tempsky, 1895-1923.

Pseudo-Augustine. *De fide ad Petrum*. PL 40: 753-780.

Aureoli, Petrus. *Scriptum super primum Sententiarum*. Ed. by Eligius M. Buytaert. Vol. 1. St. Bonaventure, N.Y.: The Franciscan Institute, 1953.

Averroës. *De physico*. In *Aristotelis opera cum Averrois commentariis*, vol. 4. Venice, 1574; repr. Frankfurt: Minerva, 1962.

Bibliorum Sacrorum cum Glossa ordinaria primum quidem a Strabo Fuldensi, et Postilla Nicolai Lyrani, Additionibus Pauli Burgensis ac Matthiae Thorungi Replicis. Paris, 1590.

Balič, Charles. "À propos de quelques ouvrages faussement attribués à J. Duns Scot." *Recherches de théologie ancienne et médiévale* 2 (1930), 160-188.

Boehner, Philotheus. "The *Centiloquium* Attributed to Ockham." *Franciscan Studies* 1 (1941), no. 1: 58-72, no. 2: 35-54, no. 3: 62-70; 2 (1942), 49-60, 146-157, 251-301.

——. "The Medieval Crisis of Logic and the Author of the *Centiloquium* Attributed to Ockham." In *Collected Articles on Ockham*, ed. by Eligius M. Buytaert, pp. 351-372. St. Bonaventure, N.Y.: Franciscan Institute, 1958.

Bonaventura. *In quatuor libros Sententiarum*. In *Opera omnia*, vol. 1. Ad Claras Aquas: Collegium S. Bonaventurae, 1882.

Burn, Andrew Ewbank. *The Athanasian Creed and its Early Commentaries*. Cambridge, England, 1896; repr. Wiesbaden: Kraus, 1967.

Courtenay, William J. *Adam Wodeham: An Introduction to His Life and Writings*. Studies in Medieval and Reformation Thought, no. 21. Leiden: E. J. Brill, 1978.

——. "The Lost Matthew Commentary of Robert Holcot, o.p.," *Archivum Fratrum Praedicatorum* 50 (1980), 104-112.

Denzinger, Heinrich and Schonmetzer, Adolfus. *Enchiridion symbolorum: Definitionum et declarationum de rebus fidei et morum*. 3rd ed. Barcelona: Herder, 1965.

Destrez, Jean. *La "Pecia" dans les manuscrits universitaires du xiiie et du xive siècle*. Paris, 1935.

Pseudo-Dionysius-Areopagita. *Dionysiaca*. Ed. by Philippe Chevallier. 2 vols. Paris: Desclée de Brouwer, 1937.

Doucet, Victorin. "Le Studium franciscain de Norwich en 1337, d'après le ms Chigi B.V.66 de la Bibliothèque Vaticane." *Archivum Franciscanum Historicum* 46 (1953) 85-98.

Duns, Joannes, Scotus. *Cuestiones Cuodlibetales (Obras del Doctor Sutil Juan Duns Escoto)*. Ed. and trans. by Felix Alluntis, ofm. Madrid: Pontificia Universidad de Salamanca, 1968.

——. *Lectura in librum primum Sententiarum*. In *Opera omnia*, ed. by Charles Balič, vol. 16. Vatican City: Typis polyglottis Vaticanis, 1960.

——. *Ordinatio*. In *Opera omnia*, ed. by Charles Balič, vol. 2. Vatican City: Typis polyglottis Vaticanis, 1950.

——. *Reportata Parisiensia*. In *Opera omnia*, ed. by Luke Wadding, vol. 22. Lyon, 1639; repr. Paris: Vivès, 1891-1895.

Emden, Alfred Brotherston. *A Biographical Register of the University of Oxford to A.D. 1500*. 3 vols. Oxford: Clarendon Press, 1957-1959.

——. "Dominican Confessors and Preachers licensed by Medieval English Bishops." *Archivum Fratrum Praedicatorum* 32 (1962), 180-210.

Fitzralph, Richard. *In quattuor libros Sententiarum*. In Oxford, Oriel College Library, ms 15, fols. 1ra-113vb; Paris, Bibliothèque Nationale, Latin ms 853, fols. 1ra-191va.

Gelber, Hester Goodenough. "Logic and the Trinity: A Clash of Values in Scholastic Thought, 1300-1335." Doctoral dissertation. University of Wisconsin-Madison, 1974.

Gennadius. *De ecclesiasticis dogmatibus*. PL 42: 1213-1222.

Gillespie, Richard E. "Robert Holcot's Quodlibeta." *Traditio* 27 (1971), 480-490.

Glorieux, Palémon. *La littérature quodlibétique de 1260 à 1320*. 2 vols. Bibliothèque Thomiste 5, 21. Paris, 1925-1935.

——. "Le Quodlibet et ses procédés rédactionnels," *Divus Thomas* 42 (Piacenza, 1939), 61-93.

Guillermus Altissiodorensis. *Summa aurea in quattuor libros Sententiarum*. Paris, 1500; repr. Frankfurt: Minerva, 1964.

Henricus Gandavensis. *Quodlibeta*. 2 vols. Paris, 1518; repr. Louvain: Bibliothèque S.J., 1961.

Hilarius. *De Trinitate*. PL 10: 25-472.

Hoffmann, Fritz. "Der Satz als Seichen der theologischen Aussage bei Holcot, Crathorn und Gregor von Rimini." In *Der Begriff der Repraesentatio im Mittelalter: Stellvertretung, Symbol, Zeichen, Bild*, ed. by Albert Zimmermann, pp. 296-313. Miscellanea Mediaevalia, no. 8. Berlin: Walter de Gruyter & Co., 1971.

——. *Die Theologische Methode des Oxforder Dominikanerlehrers Robert Holcot*. Beiträge zur Geschichte der Philosophie und Theologie des Mittelalters, n.s. vol. 5. Münster: Aschendorff, 1971.

——. "Robert Holcot; Die Logik in der Theologie." In *Die Metaphysik im Mittelalter*, ed. by Paul Wilpert, pp. 624-639. Miscellanea Mediaevalia, no. 2. Berlin: Walter de Gruyter & Co., 1963.

Holkot, Robertus. *In quatuor libros Sententiarum quaestiones argutissime; quedam (ut ipse auctor appellet) Conferentie; De imputabilitate peccati questio non penitenda; Determinationes item quarundam aliarum questionum*. Lyons, 1518; repr. Frankfurt: Minerva, 1967.

——. *In quattuor libros Sententiarum*. In Cambridge, Pembroke College, MS 236, fols. 1ra-117ra; London, British Library, Royal MS 10.C.VI, fols. 7ra-129rb; Oxford, Balliol College, MS 71, fols. 1ra-142ra; Oxford, Oriel College Library, MS 15, fols. 114va-204rb.

——. *Quodlibeta*. In Cambridge, Pembroke College, MS 236, fols. 117ra-221vb; London, British Library, Royal MS 10.C.VI, fols. 141vb-173vb; Oxford, Balliol College, MS 246, fols. 182ra-264va.

Ioannes, of Damascus. *Dialectica*. Trans. by Robert Grosseteste. Ed. by Owen A. Colligan. St. Bonaventure, N.Y.: Franciscan Institute, 1953.

Meissner, Alois. *Gotteserkenntnis und Gotteslehre: Nach dem Englischen Dominikanertheologen Robert Holkot*. Limburg/Lahn: Pontifica Universitas Gregoriana, 1953.

Michalski, Konstantyn. "Les courants philosophiques à Oxford et à Paris pendant le xive siècle." In *Bulletin international de l'Académie Polonaise des Sciences et des Lettres*, Classe d'histoire et de philosophie, pp. 59-88. Cracow, 1922.

——. "Le criticisme et le scepticisme dans la philosophie du xive siècle." In *Bulletin international de l'Académie Polonaise des Sciences et des Lettres*, Classe d'histoire et de philosophie, pp. 41-122. Cracow, 1927.

——. "La physique nouvelle et le différents courants philosophiques au xive siècle." In *Bulletin international de l'Académie Polonaise des Sciences et des Lettres*, Classe d'histoire et de philosophie, pp. 92-164. Cracow, 1928.

——. "Le problème de la volonté à Oxford et à Paris au xive siècle." In *Studia Philosophica: Commentarii Societatis Philosophicae Polonorum*, vol. 2, pp. 223-367. Leopoli: "Ksiazka" A. Mazzucato, 1937.

Molteni, Paolo. *Robert Holcot O.P.: Dottrina della grazia e della giustificazione, con due questioni quodlibetali inedite*. Pinerolo: G. Alzani, 1968.

Moody, Ernest A. "A Quodlibetal Question of Robert Holkot, O.P. on the Problem of the Objects of Knowledge and of Belief." *Speculum* 39 (1965), 53-74.

——. *Truth and Consequence in Medieval Logic.* Amsterdam: North-Holland Publishing Co., 1953.

Muckle, J. T. "Utrum Theologia Sit Scientia: A Quodlibet Question of Robert Holcot O.P." *Mediaeval Studies* 20 (1958), 127-153.

Murdoch, John E. "The Development of a Critical Temper: New Approaches and Modes of Analysis in Fourteenth-Century Philosophy, Science, and Theology." *Medieval and Renaissance Studies* 7 (Chapel Hill, 1978), 51-79.

——. "From Social into Intellectual Factors: An Aspect of the Unitary Character of Later Medieval Learning." In *The Cultural Context of Medieval Learning*, ed. by John E. Murdoch and Edith Dudley Sylla, pp. 271-348. Boston Studies in the Philosophy of Science, no. 26. Dordrecht, Holland: D. Reidel Publishing Co., 1975.

Mynors, Roger Aubrey Baskerville. *Catalogue of the Manuscripts of Balliol College*. Oxford: Clarendon Press, 1963.

Oberman, Heiko. *The Harvest of Medieval Theology: Gabriel Biel and Late Medieval Nominalism*. Cambridge: Harvard University Press, 1963.

——. "Facientibus quod in se est Deus non denegat gratiam: Robert Holcot, O.P. and the Beginnings of Luther's Theology." *Harvard Theological Review* 55 (1962), 317-342.

——. *Forerunners of the Reformation*. New York: Holt, Rinehart and Winston, 1966.

Ockham, William. *Scriptum in librum primum Sententiarum: Ordinatio*. 3 vols. In *Opera theologica*, ed. by Stephanus Brown and Gedeon Gál. St. Bonaventure, N.Y.: Franciscan Institute, 1967-1977.

——. *Summa logicae*. In *Opera philosophica*, ed. by Philotheus Boehner, Gedeon Gál and Stephanus Brown, vol. 1. St. Bonaventure, N.Y.: Franciscan Institute, 1974.

Pseudo-Ovid. *De vetula: Untersuchungen und Text*. Ed. by Paul Klopsh. Mittellateinische Studien und Texte, no. 2. Leiden: E. J. Brill, 1967.

Pinborg, Jan. *Logik und Semantik im Mittelalter: Ein Überblick*. Stuttgart-Bad
Cannstatt: Frommann-Holzboog, 1972.
Prantl, Carl. *Geschichte der Logik im Abendlande*. 4 vols. in 3. Leipzig, 1867.

Richard, of Saint-Victor. *La Trinité*. Ed. and trans. by Gaston Salet, sj. Sources
Chrétiennes, no. 63. Paris: Les Éditions du Cerf, 1959.
Rousseau, Mary F. *The Apple or Aristotle's Death*. Milwaukee: Marquette Uni-
versity Press, 1968.

Schepers, Heinrich. "Holkot contra dicta Crathorn." *Philosophisches Jahrbuch* 77
(1970), 320-354; 79 (1972), 106-136.
Schmaus, Michael. *Der "Liber propugnatorius" des Thomas Anglicus und die
Lehrunterschiede zwischen Thomas von Aquin und Duns Scotus*, part 2: *Die
Trinitarischen Lehrdifferenzen*. Beiträge zur Geschichte der Philosophie und
Theologie des Mittelalters, no. 29. Münster: Der Aschendorffschen Verlags-
buchhandlung, 1930.
Smalley, Beryl. *English Friars and Antiquity in the Early Fourteenth Century*.
Oxford: B. Blackwell, 1960.
———. "Robert Holcot, o.p." *Archivum Fratrum Praedicatorum* 26 (1956), 5-97.
———. "Some Latin Commentaries on the Sapiential Books in the Late Thirteenth
and Early Fourteenth Centuries." *Archives d'histoire doctrinale et littéraire
du moyen-âge* 25-26 (1950-1951), 103-128.
Spade, Paul Vincent. "Recent Research on Medieval Logic." *Synthese* 40, no. 1
(1979), 3-18.
Stegmüller, Friedrich. *Repertorium commentariorum in Sententias Petri Lom-
bardi*. 2 vols. Wurzburg: Ferdinand Schoningh, 1947.
———. *Repertorium Biblicum medii aevi*. Madrid: Instituto Francisco Suárez,
1950 – .

Thomas Aquinas. *Commentum in quatuor libros Sententiarum*. In *Opera omnia*,
vol. 6. Parma, 1852-1873; repr. New York: Musurgia Publishers, 1948.
———. *Summa theologia*. Ed. and trans. by Thomas Gilby, op, et al. New York:
McGraw-Hill, 1964 – .
Thorndike, Lynn. "A New Work by Robert Holkot (Corpus Christi College,
Oxford, ms 138)." *Archives internationales d'histoire des sciences* 10 (1957),
227-235.

Weisheipl, J. A. "Ockham and Some Mertonians." *Mediaeval Studies* 30 (1968),
207-213.
———. "Roger Swyneshed, o.s.b., Logician, Natural Philosopher and Theologian."
In *Oxford Studies Presented to Daniel Callus*, pp. 231-252. Oxford:
Clarendon Press, 1964.
Wey, J. C. "The *Sermo finalis* of Robert Holcot." *Mediaeval Studies* 11 (1949),
219-23.

Index to the Introduction

Index of Names and Sources

MODERN AUTHORS

Index to the Text

p 102 n 72 repeats p 40 n 16